Alexander Maclean Sinclair

Comhchruinneachadh Ghlinn-a'-Bhaird

The Glenbard collection of Gaelic poetry.

Alexander Maclean Sinclair

Comhchruinneachadh Ghlinn-a'-Bhaird
The Glenbard collection of Gaelic poetry.

ISBN/EAN: 9783337328429

Printed in Europe, USA, Canada, Australia, Japan

Cover: Foto ©Thomas Meinert / pixelio.de

More available books at **www.hansebooks.com**

Comhchruinneachadh
Ghlinn-a'-Bhaird

THE GLENBARD COLLECTION

OF

GAELIC POETRY

PART I.

CHARLOTTETOWN, P.E.I.
G. HERBERT HASZARD, PUBLISHER
1888

JOHN MACDONALD, THE LOCHABER BARD.

Alastair Carrach Macdonald, third son of John, first Lord of the Isles, by Margaret, daughter of Robert II., King of Scotland, who was a grandson of Robert Bruce, was the founder of the family of Keppoch, Clann Domhnaill a Bhraighe. He was succeeded by his son, Aonghas na Feairte. Aonghas na Feairte had two sons, Donald and Alexander. Donald, who succeeded his father in the Braes of Lochaber, was killed in a battle with the Stewarts of Appin and the Maclarens, about the year 1497. To Donald succeeded his only son, John, who was known as Iain Alainn. Iain Alainn, in consequence of his having delivered up to the vengeance of the Clan Chattan one of his followers, Domhnall Ruadh Beag MacGille-Mhanntaich, was deposed from the chieftainship by his clan. His cousin, Domhnall Glas, son of Alastair, son of Aonghas na Feairte, was chosen in his place. After his deposition, Iain Alainn moved to a place called An Urchair. His descendants were known as Sliochd Dhomhnaill, and also as Sliochd a Bhrathar bu Shine. They were sometimes termed, by way of reproach, Sliochd an t-Siapa. They were designated by this name in consequence of having delivered up Domhnall Ruadh Beag to the Clan Chattan. John Macdonald, or Iain Lom the famous bard, was the son of Donald, son of John, son of Donald, son of Iain Alainn, the deposed chief. He had thus the blood of the Lords of the Isles, the Stewarts, and the illustrious Bruce, in his veins.

The year of Iain Lom's birth is not known. We know, however, that he was present at the battle of Stron-a Chlachain in 1640. We know also that he was a man of a good deal of prominence in 1645, the year in which the battle of Inverlochy was fought. We would not probably be very far astray if we were to say that he was born about the year 1620. He died in 1709. He possessed mental powers of a high order, and was a man of real honesty and intense earnestness. He was a poet of great ability.

The following extracts will show what kind of man Iain Lom was, and also what competent judges think of his poetry:

"John Macdonald was one of the most remarkable bards of modern times. He was commonly called Iain Lom, and sometimes Iain Manntach or Iain Mabach from an impediment in his speech. He composed as many poems as would fill a large volume. Most of his compositions have great merit. He lived from the the reign of Charles the First to the time of King William. Charles the Second settled a yearly pension upon him for officiating as his bard. As many of his poems mention the chief transactions of the times, as well as the names of the

princes. chiefs and nobility whose achieve-
ments he sang, they carry their dates in
their bosoms. and fix the era in which
they were composed. He lived to an ex-
treme old age, so that there are still a
few people of very advanced years who
remember to have seen him."—*Remarks
on Dr. Johnson's Tour to the Hebrides, by
the Rev. Donald McNicol, published in the
year 1799.*

"Of the political school of Gaelic bards
the most remarkable poet the Highlands
have produced was John Macdonald,
commonly called Iain Lom. He lived
during the stormy period of the common-
wealth, and entered warmly into the po-
litical questions of his day in the High-
lands. He was a strenuous partizan of
the House of Stewart, and did as much
for their interest in the north by his muse
as was accomplished by any other in-
fluence brought to bear upon the popular
mind. He was a Roman Catholic, and
his religion combined with his politics in
giving a bias to his views, and force and
point to his verses. Charles the Second
appointed him a sort of Poet Laureat for
Scotland, and conferred upon him a small
pension, which it is said he enjoyed until
the period of his death. Many of his
Jacobite compositions have been handed
down to us. In these two things are re-
markable; his fierce appeals to the pas-
sions of the clans favorable to the royal
cause, and his equally violent denuncia-
tions of those opposed to it."—*Keltic
Gleanings, by the Rev. Thomas McLauch-
lan, LL. D., Edinburgh.*

"Of the personal history of Iain Lom,
very little is known for certain. He was
of the family of Mac-Mhic-Raonaill, or
Macdonalds of Keppoch, and, living
through the greater part of the reigns of
Charles I. and II., died unmarried, a very
old man, in the autumn of 1709. He was
a man of considerable education, which
we have heard accounted for by one likely
to be well informed on such a matter, by
the assertion that he had been for some
years in training for the priesthood at
the college of Valladelid in Spain, when
some unpardonable indiscretion caused
his expulsion from that seminary, and his
return to Scotland as a gentleman at
large—a sort of hybrid nondescript, half
clerical and half lay. His poetical powers
are of a very high order, and he was un-
questionably a man of very superior tal-
ents. In the wild times in which he lived
his talents and habits of life caused him
to become a very prominent man indeed.
To Montrose and Alastair Mac Cholla-
Chiotaich, as well as afterwards to Gra-
ham, Lord Viscount Dundee, he was
well known, and by them all much trust-
ed and employed on the most delicate
political embassies. No man of his day
knew the Highlands and its temper so
thoroughly. In those wonderful cam-
paigns which, true in every particular,
yet read like Mediaeval romances, in
which Montrose made himself the talk
and envy of every soldier in Europe, it is
certain that he consulted Iain Lom at al-
most every step. A brief but character-
istic note, which we have more than once

seen and read, from the great Marquis to the Bard, was in possession of the late Rev. Dr. Macintyre, minister of Kilmoni-vaig. and is probably still preserved in the family as a very valuable and interest-ing relic, which in truth it is. It consists but of some half dozen lines, but when we find the Marquis declaring himself, under his own hand, from his "Camp near Kilsyth," Iain Lom's "very loving and true friend to command," we may be pretty sure that the Brae-Lochaber Bard was a man of no small account and con-sequence in his day. Of his poetry it is hardly possible to speak too highly Rough and rugged, and rude almost al-ways, it yet hits the mark arrived it so unmistakeably that you cannot but ap-plaud."—*Twixt Ben Nevis and Glencoe, by the Rev. Alexander Stewart, LL. D., author of "Nether Lochaber."*

Iain Lom was buried at Dun-Aingeal in the Braes of Lochaber A very beau-tiful and substantial monument was erect-ed over his grave a few years ago. It is ten feet in height and richly ornamented. The inscription, as of course it ought to be, is in Gaelic.

It is to be regretted that Iain Lom's poems have never been published in a collected form. That such should be the case is not at all to the credit of his coun-trymen.

RANN.

LE IAIN LOM.

Chaidh Iain Lom uair, is e 'na bhalach og, comhla ri athair agus feadhain eile gu baile Inbhernis. Air dhaibh cruinneachadh anns an taigh osda 'san robh iad a dol a dh 'fhuireach fad na h-oidhche, thachair do choigreach a bha 'nam measg ni eigin a radh mu Iain. Cha luaithe a bha na facail a 'bheul na thubhairt Iain mar fhreagairt da:

Breith luath, lochdach,
Breith air loth pheallagaich.
No air giullan breac-luirgneach.

Air d'a athair na briathran so a chluinntinn thubhairt e ris:

'S math thu fein, Iain, ni thu gleus fhathast.

CUMHA AONGHAIS MHIC RAONUILL OIG.

LE IAIN LOM.

Righ, gur mormo chuid mulaid,
Ged is fheudar dhomh fhulang,
Ge b'e dh'eisdeadh ri m' uireasbhuidh aireamh.

Righ, gur mor, &c.

Bho na chaill mi na gaothair
Is an t eug 'g an sior thaoghal,
'S beag mo thoirt gor an taoghail mi 'm
    Braighe.

'S cuny bochd mi gun daoine
Air mo lot air gach taobh dhiom
Is tric rosad an aoig air mo chairdean.

Gur mi 'n giadh air a spionadh
Gun iteach, gun linnich,
'S mi mar Oisean fo bhinn an taigh
    Phadruig.

Gur mi 'chraobh air a rusgadh,
Gun chnothan, gun ubhlan,
'S an snodhach 's an rusg air a fagail.

Ruaig sin cheann Lochatatha
'S i 'chuir mise ann am ghaibhtheach;
Dh'fhag mi Aonghas na laidhe 'san araich

Mu 'n do dhirich sibh 'm bruthach
'S ann 'n ar deaghaidh bha 'n ulaidh;
Bha giomanach guna air dhroch caramh.

Ged a dh'fhag mi ann m' athair
Cha 'n ann air 'tha mi labhairt
Ach an lot 'rinn an claidheamh mu d'air-
    nean.

Gur h-e dhruigh air mo leacainn
'M buille mor a bha 'd leth-taobh.
'S tu 'nad lai lhe 'n taigh beag choire
    Charmaig·

B'i mo ghradh do ghnuis aobhach
Dheanadh dath le d'fhuil chraobhaich,
'S nach robh seachnach air aodann do
    namhaid.

    Gaothar—a greyhound, a lurcher or
cross-bred dog, half greyhound and half
fox hound. Rosad —misfortune, mischief
Toirt—care, regard. Linnich — layer,

lining. Gaibhtheach a person in want, a complainant. Leacainn the side of the head.

In 1640 a fight took place between the Macdonalds of Keppoch, and the Campbells of Breadalbane. There were about 120 of the former, and probably about the same number of the latter. The Macdonalds won the fight, but lost their chief, Aonghas Obhar, who was killed. Iain Lom's father, Domhnall Mac Iain Mhic Dhomhnaill Mhic Iain Alainn, was also among the slain. An account of the fight will be found in the Keltic Magazine for January, 1880. It took place at Strona-Chlachain, at the head of Loch Tay.

ORAN DO DHOMHNALL GORM OG.

LE IAIN LOM.

A Dhomhnaill nan dun,
'Mhic Ghilleasbuig nan tur,
Chaidh d'eanach 's do chliu thar chaich.

Tha seirc ann ad ghruaidh,
Caol mhala gun ghruaim,
Beul meachair bho 'n suairce gradh.

Bidh sid ort a' triall,
Chaidheamh sgaiteach gorm siar;
Air d' uilinn bidh sgiath gun sgath.

'S a ghrabhailt mhath ur
Air a taghadh o'n bhuth;
B' i do roghainn an tus a bhlair.

A churaidh gun ghiamh,
'N trath ghabhadh tu fiamh,
'S e 'thogadh tu sgian mar arm.

An gunna nach diult
'N trath 'chaogas tu 'n t-suil,
Gu 'm bitheadh a sugradh searbh.

Is bogh' an t-sar-chul,
De'n mheallanaich uir,
Caoin, fallain de'n iubhraich dheirg.

Is taifeid nan dual
Air a tarruing bho d' chluais;
'S mairg neach air am buailteadh meall.

Is ite an eoin leith
Air a sparradh le ceir;
Bhiodh briogadh an deigh a h-earr'.

Air an leacainn mu'n iath
Cinn ghlasa nan sgiath;
Cha bu ghaiseach bu mhiann le d' chrann.

Bho imeachd do'n Fheinn
'S cinn fhine sibh fein
Air fineachan fheil' gu dearbh.

Iarl Anntruim nan sluagh
'S Clann-Ghilleain nam buadh
Bhiodh sid leat is Ruairidh garbh.

Mac Mhic Ailein nan ceud
'S Mac Mhic Alastair fheil',
Is Mac-Fhionghain gu treun nan ceann.

Creach 'g a stroiceadh,
Ruith na torachd,
'S fir fo leon nan arm.

Long 'g a seoladh,
Crith air sgodaibh,
Stiuir-bheairt sheolta, theann.

Beucaich mara
'Leum ri darach,
Sugh 'g a sgaradh thall.

Cha bu nasag
Ri sruth trath i,
'S muir 'na gair fo 'ceann.

Thig le ingeas le gaoith
Gu baile nan laoch,
Ged bhitheadh na caoiltean garbh.

Gu talla nam pios
'S am farumach fion,
Far am falaichear mile crann

Bhiodh cruit is clarsach
'S mnai uchd aillidh
An tur nan taileasg gearr.

Foirm nam pioban
'S orgain liobhte,
'S cuirn 'gan lionadh ard.

Ceir 'na drilsean
Ri fad oidhche,
'G eisdeachd stri nam bard.

Ruaig air dhisnean,
Foirm air thithibh,
'S or a sios mar gheall.

Aig ogh 'Iarl Ile
Agus Chinntire
Rois is Innse-Gall.

Clann-Domhnaill nach crion
Mu 'n or 's mu 'n ni,
Sid a bhuidheann a 's prisail geard.

Bho Theamhair gu I,
Gus a Chananaich shios,
Luchd-ealaidh o n chrich 'n 'ur dail.

Eana-chor eineach—bounty, liberality.
goodness, courtesy; also praise, renown
Meallanach—bossy or having knobs. Fheile
—of hospitality. Iubhrach—a yew grove.
Taifeid—a bow-string. Briogadh—stab-
bing or thrusting. Taileasg—backgam-
mon or chess. Drilsean — sparkles.
Disnean—dice. Nasag—an empty shell.
Teamhair—Tara in Ireland. The word
teamhair signifies an elevated spot com-
manding an extensive prospect. *Joyce's
Irish Names of Places, page 293.*

Hugh, the first Macdonald, of Sleat, was
the third son of Alexander, third Lord of
the Isles. Domhnall Gorm, son of Dom-
hnall Gruamach, son of Domhuall Gallach,
son of Hugh, was the fifth Macdonald of
Sleat. He styled himself Lord of the
Isles, and Earl of Ross. Donald, his son
and successor, was married to Mary,
daughter of Hector Mor Maclean, of
Duart, and had by her three sons, Dom-
hnall Gorm Mor, Archibald and Alexan-
der. Domhnall Gorm Mor died without
issue in 1616, and was succeeded by Dom-
hnall Gorm Og, son of his brother, Archi-
bald, by his wife, Margaret, daughter of An-
gus Macdonald, of Islay and the Glynns
in Antrim. Domhnall Gorm Og was the
eighth Macdonald, of Sleat. He was creat-
ed a Baronet in 1625; he died in 1643.

ORAN.

Do dh' Alastair Mac Colla, an deigh
latha Allt Eireann.

LE IAIN LOM.

Gu ma slan 's gu ma h eibhinn
Do 'n Alastair euchdach
Choisinn latha Allt Eireann le 'mhor.
  shluagh.

Gu ma slan &c.

Le 'shaigdeireibh laghach
'N am gabhail an rathaid,
Leis 'm bu mhiannach 'bhi 'gabhail a
  chronain.

Cha bu phrabaire tlath thu,
'Dhol an caigneachadh chlaidhean
'Nuair a bha thu 's a gharadh a'd 'onar.

Bha luchd chlogad is phicean
A 'cur ort mar an dichioll,
Gus an d'fhuair thu *reliobh* o Mhontrosa.

'S iomad oganach suil-ghorm,
Bha fo lot nan arm ruisgte,
Aig geata Chinn-Iudaidh gun chomhradh

Agus oganach loinneil
Thuit ar aobhar do lainne,
Bha na shineadh am rolla ud Lochaidh.

'S cha robh domhach no geinneach
Ann an talamh Mhic-Coinnich,
Nach do dh 'fhag an airm theine air a
  mhointich.

Cha robh Tomai no Simi
Ann an talamh Mhic-Shimi

Nach do thar anns gach ionad 'am frogaibh.

Chuir sibh pairt diu air theicheadh
Gus 'n do rainig iad Muiri
'S chuir sibh lasraichean teine 's a
Mhoraich.

Alit Eireann seems to mean Eire's
Brook, and to have been named after
Eire, one of the Queens of the Tuath De
Danann. Eireann is the old form of the
genitive of Eire. Some are of the opinion
that Ireland received its name from Eire.
Whitley Stokes is inclined to look upon
Ireland as deriving its name from a word
connected with the Sanskrit, *avara*, west-
ern. Max Muller's Science of Language,
vol. I., page 246.

Prabaire—a worthless fellow. Caig-
neachadh or caigneadh—coupling or link-
ing. Domhach—a savage. Geinneach—
a short, stout man.

———

The battle of Auldearn was fought, May
9th, 1645. The MacKenzies and Frasers
were on the side of the Covenanters.
Alastair MacColla came near losing his
life in trying to regain a position behind
a garden fence, which he had very un-
wisely left. Gen. Hurry who command-
ed the Covenanters had 3,500 foot and
400 horse; Montrose had 1,500 foot and
250 horse. The latter won a complete
victory. Some days after the battle
Montrose committed to the flames a
good many houses in Elgin, Garmouth
and other places

ORAN DO MHORAIR HUNNDAIDH

'Nuair a ghlacadh e le Seumas Meinne,
an Crunair, 's a bhliadhna 1647.

LE IAIN LOM.

Gur-a trom leam a ta mi
Leis gach sgeul tha mi 'claistinn,
S mi 'tearnadh staigh braigh 'uisge Dhe:

Mi tearnadh air m 'aineol
Gu braigh' Abarfeallaidh,
Gun aon luaidh air feai faraid mo sgeil.

Cha 'n e gaoir bhan a chlachain
A tha mis 'an diu 'g acain,
Gar an d'thigeadh gin as do 'n choig ceud.

Ach ma ghlacadh am Marcus
Leis a Mheinneireach thackrais,
B'e mo dhiubhal na bh'aca 's mo bheud.

'S mor an naidheachd e 'n Albainn
Bog no gaoithe 'n Strath-bhalgaidh
'Bhi 'g a chlaoidheadh le armailtean srein.'

Ceann uighe nan Gaidheal,
Far an suidheamaid saibhir,
'S tu gu 'n taghadh gach aite dhuinn
     reidh.

'Sann a b' abhaist dhuit ~~sheidu~~ _suidhe_
Ann an garadh nan ubhal,
Fo fhaileadh nan luibhean 's nan peur.

ORAN DO MHORAIR HUNNDAIDH.

LE IAIN LOM.

Luinneag:—

Lamh Dhe leinn, a dhaoine,
C'uin 'a chaoch'leas a bheairt so?
'S gu bheil fios 'san Roinn-Eorpa
Gur h-i choir 'tha sibh 'sracadh.
'Fhir a chruthaich bho thus sinn
Cuir a chuis gu treun taice
Air na Banntairean breige
'Rinn an eucoir a chleachdadh.

Mi 'g amharc Strathchuaiche
'S mor mo ghruaim 's cha bheag m' eislein:
'S mi 'g amharc nan gleanntan
'S an robh 'n camp aig Iarl Einne,
Ris an goirte 'n t-eun tuathach
Nach d 'fhuaradh ri breun-chirc.
Ged-a tha e 'san am so
Gun cheann an Dun Eideann.

Lamh Righ leinn a dhaoine.

Gur mor mo chuis mulaid
'S mi air m' uilinn a'm onrachd,
'S mi 'g amharc an ruighe
Far 'n do shuidhicheadh bordaibh.
Tha i 'n diugh fo ghleus chapull,
Feur fada agus folach;
Aig aon stata na machrach,
An sar Mharcus o Ghordan.

'Naile chunnaic mi uair thu
Is gu'm b'uasal do loiseam,
'Tigh'nn a mach le d' gheard rioghail
Air na grinneinean gorma;
Luchd nan casagan sioda

'Ghlacadh pic gu gle mhodhar,
Is a bheireadh adbhansa
Ann' an am dol an ordagh.

Bha mi eolach a'd' thalla
'S bha mi steach ann a'd' sheomar:
Bhiodh ann iomairt air thaileasg
'S da chlarsaich a' comh-stri;
Gus am freagradh am balla
Do mhac-talla nan organ;
'S bhiodh fion Spainteach 'ga losgadh
Am pairt de dh' obair nan or-cheard.

Cha d' fhoghain leo d' fhogradh
Feadh fhrogan 'ga d' fhalach;
Ach do thur-bhailtean mora
Bhi gun choir aig Mac-Cailein.
'N uair a fhuair iad thu d' onrachd
Rinn iad oirnne gniomh alla
Bha d'fhail rioghail gun fhotus
'G a dortadh mu 'n sgafal.

Ach a Thearlaich oig Stiubhairt
S' fad' an dusgadh so 'th' agad;
Gur fad' ann ad shuain thu,
S tim dhuit gluasad bho d'chadal.
Mur h-'eil d'aire gu direach
Air do rioghachd a thagradh;
Leig dhiot 's an droch uair i,
Mur h-'eil cruadal a'd' aigneadh.

'Smath an cuideachadh sluaigh dhuit
Thu 'bhi 'n uachdar na corach,
Gu coir d'athar a dhiuladh
Air na h-Iudasaich dheamhnaidh.
Ach na faireadh iad baoth thu
No blas faoin air do chomhradh;
No mar chlaidheamh bog staoine
'N truaill chaoin air a h-oradh

Tha uaislean do rioghachd
Gan stiogadh an claisean;
'S'gam falach 'an ginbhsaich
N deigh do chuinneadh a *phosadh*;
Daoine beaga 'rinn cillein
De shiol *skineirean* chraicionn:
Tha 'n am parlamaid rioghail
'N deigh an righ a chur seachad.

Tha na h-amraichean muine
'Gabhail iuil 'sa chuan fharsuing:
S an loingeas daraich a criomadh
'Dh' oilteadh fion air an *saitse*;
Is 'gan tilgeadh air oitir,
As na portaibh a chleachd iad;
Ma mhaireas an tuil so,
'S mairg a dh'fhuirich r'a faicinn.

Na Banntairean — the Covenanters.
Einne, Enzie--a district in Banffshire be-
longing to the Gordons. An t-Eun
Tuathach—the Cock of the North, a
name given to the head of the Clan Gor-
don. Ruighe—the outstretched part or
base of a mountain, a summer residence
for herdsmen and cattle. Folach—rank
grass growing upon dunghills. Loisean—
show, pomp. Staoin—pewter or tin.
Stiog—to crouch or skulk. Saitse--hatch.
Amar— a trough; amraichean troughs
Oitir- reef of sand.

The Gordons took their name from the
lands of Gordon in Berwickshire. They
received a grant of Strathbogie, Strath-
bhalgaidh, from Bruce. George Gordon,
the second Marquis of Huntly, was be-
headed in Edinburgh in 1649.

IORRAM.

Do Mhac-Gilleain Dhubhairt.

LE IAIN LOM.

Ged is fada mu thuath mi,
Soraidh slan do na h-uaislean;
Leam bu mhithich 'bhi 'gluasad gu'r tir.

Gu duthaich Shir Lachuinn
Nam piob is nam bratach;
'S mor bhur diobhail n *faction* an righ.

Cha b'e leanntuinn na ludaig
Ris na teudan bu dluithe
A thug mise do'r duthaich bhig, chrin.

Ach bas Mhic-Gilleain,
Tha 'n reidhlig Orain na laidhe;
So dh' fhag mise gun aighear, gun phris.

Agus Eachunn 's an araich
Fo thrupa nan naimhdean;
Fath mo thursa gach la 'bhi g'ur caoidh.

'S math thigeadh clogaide cruadhach
Air cul bachlach nan dual glan;
Gnuis fhlathail is gruaidh mar am fion;

Agus spainteach gheur thairis
Aan an ceann claiginn calant',
Is sgiath bhreachd nam ball daingeann
     'gad dhion.

Nam biodh agam air blarau
De chlann-Domhnaill 's de m chairdean
'Mheud 'sa chunnaic mi 'n armailt an righ;

'Mheud 'sa chumaic mi fein din
Teachd air luingeas a Eirinn,
De shliochd gasda Chainn chend-chath
    nam pios:

Cha bu shiochaint 'ur cogadh
'N am dol sios an tus troide,
A dhream rioghail nan clogad 's nam pio.

Chluinnteadh farum 'ur claidhean
Air claignibh 'ur namhad
Agus blaighean nan ceann 'gan toirt sios.

'Siomad cubaire gealtach
'Tha buidhinn cuirt ann an Sasunn
'Bha 'ga chubadh mar chat ann an craoibh:

Agus rogaire breugach
'Bha mu mhilleadh righ Seurlas.
A ta 'nis oirnn ag eirigh gu stri.

'S mur a caochail sith *faction*
Gu ma taobh-dhearg 'ur leaba
'S'ur fuil a taosgadh an Claisean 's an dig.

Gu'n chluinnteadh feadarsaich luaidhe
An lorg sraide na cluaise.
'S mnai ri acain 's cha chruaidh leam an
    caoidh.

Sir Lachlan Maclean, of Duart, was a
faithful follower of the great Montrose.
He died in 1649. His son and sucessor.
Sir Hector, was killed at the battle of
Inverkeithing, July 20th, 1651. Seven
hundred and sixty Macleans were slain
along with him.

ORAN DO MHAC-GILLEAIN DHU-BHAIRT.

LE IAIN LOM.

Mur bhi 'n abhainn air fas oirnn,
'S tuil air eirigh 's na h-aithean,
Bhithinn latha roimh chach air a chomh-
  dhail.

  Mur bhi, &c.

Is bochd an ciridinn paisde,
N uair a bhuail an lot bais e,
'Bhi gun cheirein, gun phlasda, gun
  fheoirnein.

'Sann de 'n choinnimh a 's miosa,
An garadh-droma air bristeadh
Mar gu 'm pronnadh sibh sligean le or-
  daibh.

'S ann de dh'fhortan 'ur cuise,
Ma 's e 'n torc 'th'oirbh 'a muiseag,
Gu 'n teid stopadh na muire 'na phoraibh.

Tha sgriob gheur nam peann gearra
'Cumail dion' air Mac-Cailein,
'S e cho briathrach ri parraid 'na chomh-
  radh.

Thug sibh bhuainne le spleadhan
Eilean Ile ghlais, laghaich,
Is Cinntire le 'mhaghannan gorma.

Ghlac an eire greim teanchrach
Air deadh chinneadh mo sheanmhar;
'S lag an iomairt ge h-ainmeil an seors'
  iad.

Dh' fhalbh 'ur cruadal 's ur gaisge,
Le Eachann Ruadh 's le Sir Lachainn,
'Th' ann 's an uaigh far 'n do thaisgeadh
    'san t-srol iad.

'S Lachainn Mor a fhuair urram,
'Chaidh a bhualadh an Gruineart,
Cha d' ~~thuig~~' nachd'ranachd Mhuile ri
    'bheo dheth.

Is math mo bharail is m 'earbsa,
Mura roghainn gun dearmad.   •
Nach bu chladhaire cearbach Fear-
    Bhrolais.

'N eaglais I Chalum Chille,
Tha sninn chrodha gun tioma
'Chaisgeadh doruinn, 's gu 'n tilleadh iad
    torachd.

'S mor gn 'm b' fheairde dream fiata,
Nan each seang-fhada fiadhaich
Eoghan Abrach Loch-Iall agus Lochaidh.

Eiridinn—a nursing of, or attending
on, the sick. Ceirein, a poultice. Feoir-
nein--a pile of grass, a blade of grass.
Muire -the leprosy. Spleadhar—false
hoods, fictions. Teanchaire—a vice.

——

It seems that Sir Ewen Cameron, of
Lochiel, deserted his old friends, the
Macleans, at a critical moment. An old
manuscript quoted by Sheriff Nicholson
in his Gaelic proverbs, at page 136, con-

tains the following statements: "Sir
Ewen Cameron was bound by alliance.
money and solemn oath to 'he Macleans,
but renounced all on Argyll's quitting to
him a debt of 40,000 merks." It was in
this transaction that the following pro.
verb had its origin: "Chaill Eoghan a
Dhia, ach chaill an t-Iarla 'chuid airgid."

BRIAN AGUS IAIN LOM.

BRIAN.

Thoir soraidh gu Iain Manntach bhuam,
Rag mheirleach nan each breanndalach,
Gur tric a thug am meirleach ud
Leis meann a mach o 'n chro.

B'e fasan fir a Bhraighe ud
Da thaobh Loch-Iall is Arasaig,
Bhiodh sgian 'san dara brachair dhiu
Mu uiread ara 'dh'fheoil.

IAIN LOM.

A theanga liotach mhi'raltach,
Nach tuig thu bhi 'gad dhiomoladh;
'S mithich tarruing gu claich-lionraith leat
'S am faigheadh Brian a leoir.

Thoir soraidh gu bard Aisint bhuam,
Gu seann bhus liath nan ceapairean;
Gur coltach do bhial rapasach
Ri slait de 'n chealtair chlcth'.

Cha b' chubaire 'ghoid ghearran mi;
Cha d'chuir mi uich 's an ealaidh sin;
Cha mho a chum e caithris orm
'Toirt mhult a cairidh cro.

Do bheil tha molach feusagach,
Lan smuig is uile is reumannan;
Gur tric do bhru 's a gheisgeil ort
'N deigh fuigheal creis nam bord.

An uair 'bu dluiche 'n aileag ort
Bu lionmhor cu is galla 'bhiodh
A' toirt nan sul 's nam mala dhiot.
Le bruchdadh boladh feoil.

A sheann-tuir leith nan ursannan
A's tric a dheabh na capachan,
'S tu 'd shineadh anns na guiteirean
An deigh do ghucag ol.

Gur salchar lic is urlair thu,
Lan sgeig is uile is iombasaich,
Mar bharaille 'n deigh a thionndadh
A cur sgum gu barr-iall bhrog.

Ged 's cam a staigh fo d' ghluinean thu,
Gur caime 'staigh fo d' shuilean thu;
S tu traoitear nan seachd duchannan
A reic an crun air ghrot.

Droch coinneamh ort, a shiochaire;
Mar caol a reiceadh d'fhirinn leat,
Airson na mine Litich sin,
Nach deach 'san ire choir.

Mi-'raltach for mi-ioraltach—not skill-
ful or prompt, not distinct in utterance.

Breanndalach—brindled. Ara a kidney.
Smug—spittle. Renn—phlegm. Cubaire
—a shabby, sneaking fellow. Cairidh a
fence of stakes or twigs set in a stream
for taking fish, a weir: here a place for
catching sheep. Geisgeil—creaking. Creis
—grease. Seann-tuir—an old acquaint-
ance, a frequenter of a place. Siochaire
—a contemptible fellow.

Iain Lom and Brian, the Assynt bard.
happened to meet at one of the Inverness
annual markets. Brian. having learned
that the person with whom he was in con-
versation was a Lochaber man, asked him
if he knew Iain Lom. Upon ascertaining
that he did, he requested him to bring his
soraidh or compliments to him. Iain
Lom, stung by the words of the soraidh,
replied to Brian on the spur of the mo-
ment.

ORAN DO MHAC MHIC-RAONUILL NA CEAPAICH.

LE IAIN LOM.

Mi 'm shuidhe air bruaich torrain
Mu 'n cuairt do Choire na Cleithe:

Ged nach 'eil mo chas crubach
Tha lot na's mu orm fo m' leine,

Gar nach 'eil mo bhian sracte,
Tha fo m'aisne mo chreuchdan.

'S cha 'n e curam na h-imrich
No iomagain na spreidhe.

No bhi 'g am chur do Cheanntaile,
'S gan fhios cia 'n t-aite dha 'n teid mi.

Ach 'bhi 'n nochd gun cheann-cinnidh.
'S tric 's gur minic leam fhein sin.

Ceann-cinnidh nam Braigheach
'Chuireadh sgath air luchd Beurla.

Cha b' e fuaim do ghreigh lodain
'Gheibhteadh 'sodraich gu feilltean.

No geum do bha torrain
'Dol an coinnimh a ceud laoigh.

No uisge nan sluasaid
Bharr druablas na feithe.

'S beag an t-ioghnadh leam d' uaisle
'Thigh 'nn an uachdar ort eudail.

Sa liuthad sruth uaibhreach
As 'n do bhuaineadh thu 'n ceud la.

Ceist nam fear thu bho 'n Fhearsaid
Is bho Cheapaich nam peuran;

'S bho cheann Daile na mine,
Gu Sron-na-h-Iolaire leithe.

'Se bu mhiann le d' luchd-taighe
'Bhi 'gan tathaich le beusan.

Mu dha thaobh Garbh-a-chonnaidh
Far 'm biodh na sonnanaich gle mho.

Le 'm morgha geur sgaiteach,
Frith bhacach, garbh leumnach.

Tha mo choill' air a maoladh
Ni a shaoil leam nach eireadh.

Tha mo chnothan air faoisgneadh,
S' cha bu chaoch iad ri 'm feuchainn:

'S nach 'eil agam dhiu tuaileas
Dh 'fhan iad bhuam am barr gheugan.

ORAN.

Do Mhorair Ghlinne Garadh.

LE IAIN LOM.

'S e mo chion an t-og meanmnach
'Bu shar cheannard nan ceudan;
Fhuair thu urram fir Alba
Le do dhearbh acfhuinn ghleusda.

Mac Moire 'dhion d'anma
Anns gach aona bhall 'san teid thu;
'S na rachadh do mharbhadh
Gun oircheas Mhic De leat.

A shar mharcaich an steud eich
Ur ghleusd air dheagh inneal,
Le acfhuinn mhath 'sreine,
'S d'a reir sin do stiorap,
N uair a rachadh, tu 'leum air
Cha bu reidh dol gad thilleadh;
Spainteach ghasda chruaidh gheur orr
'S bhiodh ra-treut mar a shirinn.

Beus de bheusaibh a Ghlinnich,
Gu 'n robh sinne umad eolach,
Nach gabhadh tu giorag;
'N aile thilleadh tu 'n torachd.
Bhiodh an t-iubhir 'ga lubadh
Mar-ri fiubhaidh 'chinn storaich
Air a leigeadh gu h-ealamh
As na taifeidean corcaich.

Ach, Aonghais oig Ghlinnich,
Cha 'n 'eil sinne umad suarach,
'Nuair a thogadh tu 'n iomairt
Bu ghlan do chinneadh ri 'ghluasad.
Gu bheil cuid diu air linne
'N laimh an innein so 'suas bhuainn;
Ceud connspunn gun ghiorag
Nach tilleadh le fuathas.

Cha 'n fhuil fhodach no prabair,
Cha 'n fhuil graisge no tuatha,
Ach fuil ghlan an Iarl Ilich
A ta 'direadh ri d' ghruaidhibh.
'S car thu mhilidh nan cathan

A thaobh d'athar coig uairean;
Dh'fhag sid cruadal a'd' lamhan
Gus an claidheamh a bhualadh.

Nam biodh maoim air do naimhdean
Gu do champ' mar bu mhinic,
Gu'm biodh cuid diu 'nan laidhe
'S gun an lamhan ri 'n slinnein
'S iad gun chlaiginn, gun chluasan.
Ach an uairchinn ri sileadh.
Sgaithteadh 'n casan o 'n cruachanaibh
Le cruadal a Ghlinnich.

'S mor am muiseag 'san trath so
Air mo ghradh de na fearaibh.
Mu 'n tagradh air Cuoideart
A bhi 'm poca Mhic-Cailein.
'S iomadh uisge nach lugha,
'S nach leigeadh claodhaire thairis.
As an d'thug thu do chasan
Gu coiseachd a dh'aindeoin.

Rud a's mo orm mar churam
Anns an uair so 'ga eisdeachd
Meud ardain mo chinnidh;
Dia 'gan tilleadh gu reite.
Air bhur tighinn gu fallain,
Thugaibh aire do m' sgeul-sa,
'S fhearr dhuibh dithisd 'san abhainn
Na 'bhi grathunn bho cheile.

Aimh-reite Chlann-Domhnaill
Leam 's neo-chomhnard a bheairt e;
Gu 'n do chuir e orm gruaman
Coig uairean 's mi 'm chadal.
'S ann a dh'eirich iad comhla
Leis a mhor fhear so bh' againn.

E-fhein 's 'Onair Sir Seumas,
A bha 'reir an aon aignidh.

Ged tha 'Onair Sir Seumas,
Dhuit fhein mara ta e,
B'ait leam Iarlachd Righ Fionna Ghaidh
A chluinntinn mar b' ail leam.
Bheirinn bliadhna dhe m' shaoghal.
'S gach ni 'dh'fhaotuinn a tharsainn,
Chionn do choir a bhi sgriobhte
Bho laimh an righ gun dad failinn.

Mur bhi cliopaich mo theanga
Dheanainn seanachas mu 'n cuairt duit:
Tha do rauntaichean farsuinn,
A lub thaitneach a chruadail;
Cha 'n eil Rothach, no Barrach,
Cha 'n'eil Gallach, no Tuathach,
Nach bu dleas da 'bhi leatsa,
N am caismeachd na h-uaire.

Gura farsuinn do rauntachd,
Agus teann sa ri 'cheile iad;
Gu bheil cuid diu gu cliuiteach
Mu Ruta na h-Eirinn,
Is cuid eile 'n Lochabar
Ma 's a beachdaidh mo sgeul-sa:
'S bu cheud feairrd thu iad agad
An am tapadh nan geur-lann.

Mac-Pharlainn 'sa chinneadh
Gur leat sin an am d'fheuma;
Is Clann-Donnachaidh bho Atholl
Ged is grathunn bho cheile iad;
'S gura leat Mac-an-Aba,
Le 'aitim mhoir mheadhraich,

'S Mac-Laomuinn 's Mac-Lachuinn
Nan glas lannan geura.

'Nuair a dheanteadh camp cruinn leibh
'S neart bhur n-uilnean ri 'cheile,
Co a b' urrainn dol eadraibh
'Nuair nach seasadh sibh fhein e!
Ged tha ro-mheud bhur n-uabhair
'N ciu 'g ur buaireadh bho cheile
'Se 'n t-aon sloc as na ghluais sibh,
Fuil uasal Chuinn cheud-chathaich.

Co 'ni taice no tabhachd,
No ni stath dhomh air domhan?
Ma nitear leat mi fhagail,
Tha mi baite 'an muir dhomhainn.
Cha 'n 'eil neach 'dbheanadh mi euceir
No 'shaltradh ceum ann am ghnothach,
Nach tu b' urrainn a reiteach'
Fheadh 's a dh' eireadh tu romham.

'S mi nach iarradh mar bharant'
'N lathair barra no binne
Ach Tighearn og Ghlinne-Garadh,
Mo dheagh charaid glan riomhach.
Sgeul a 's mo 'tha mi 'gearan,
'S tha orm mar anshocair chinntich,
Gun do shliochd a bhi 'd' aite
Dh' fhios an la theid ceann criche ort.

Oircheas piry, clemency. Innean a
hill or rock also an anvil. Prabar th'
rabble. Cairchinn—side of the head
Muiseag—a threat, threatening. Rann
relationship, ancestry, pedigree. gen

dogy. Barant—a support, surety, safe-
guard, reliance. Dh' fhios—unto. to.
literally to the knowledge of.

◆ ————

Angus Macdonald, of Glengarry, was a
son of Alastair Dearg, son of Donald Mac-
donald, of Glengarry. His mother, Jean
Cameron, was a daughter of Allan Cam-
eron, of Lochiel, by his wife, a daughter
of Stewart of Appin. He succeeded his
grandfather as chief of the Macdonalds of
Glengarry in 1645. He was a devoted
follower of the Marquis of Montrose,
"ain mor fhear so 'bh'againn." He
crossed over to Ireland to support the
Earl of Antrim against his enemies in
1647. He was elevated to the peerage in
1660, by the title of Lord Macdonell and
Arross. He tried to get himself acknow-
ledged as chief of all the Macdonalds, and
thus caused the disturbance referred to in
the poem. He was married to a sister
of Sir James Macdonald, of Sleat. He
died in 1682.

The Lord of the Isles was frequently
called Righ Fionna-Ghall, or king of the
fair strangers. The Fionna-Ghoill, or
fair strangers, were the Norwegians, who
had settled among the Keltic inhabitants
of the Western Isles. They were called

Fionna-Ghoill to distinguish them from
the Danes, who were spoken of as Dubh-
Ghoill, or black strangers. The Fionna-
Ghoill married Keltic wives, learned the
Gaelic language and wore the Highland
dress. They became in a short time
thoroughly identified with the native
Keltic population.

The earldom, "iarlachd righ Fionna
Ghall," that Iain Lom would give to Lord
Macdonell, was that of Ross. It belonged
at one time to the Lords of the Isles.

ORAN DO MHORAIR GHLINNE-GARADH.

LE IAIN LOM.

Cha b'e bas mo cheann-cinnidh
Chuir mi-fein gu trom iomairt
Ach gun d'oighre bhi 'd' ionad 'n uair dh
    eug thu.

Fear mor curanta laidir
'Bh'aig gach duine mar sgathan,
Geda tha e gun chainnt an Duneideann.

Ga 'n do chaireadh 's an talamh,
M fear a chonnsaich Mac-Cailein;
Co a b'urrainn an casadh na srein' riut?

Thug thu Cnoideart dheth 's tuilleadh,
'S lagh an righ air do mhuineal;
Cha do chonnsaich e Muile 's an d'eug thu.

Rinn Mac-Coinnich Cheanntaile,
Is Mac-Shimi na h-airde,
Garbh choinneamh gu sathadh le cheil'ort.

'N uair a chunnaic an cairdean
Nach deanadh iad stath dhiot,
'Se gu mor leo a b'fhearr a bhi reidh riut.

MARBHRANN DO DH'AONGHUS OG, MORAIR GHLINNE-GARADH.

LE IAIN LOM.

'S beag an t-ioghnadh mi 'liathadh
'Si so 'bhliadhna bhuail brog orm.

'N diu 's mi 'gabhail an rathaid
'S trom a thathaich do bhron orm.

Gu'n do chaochail mi cruitheachd,
Dh'fhag mo spionnadh 's mo threoir mu

Gur h-i dileab na dunaich'
'Tha mi 'buntuinn a' m' phocaid.

A ghrabhat 'bha mu d' mhuineal,
'S tric i cruinneachadh dheoir orm.

Dh'fhag mi taisgte 'n Duneideann
Na sgar o cheile mo mhorchuis.

An ciste chumhainn nan slios-bhord
Fo lic nan stol reota:

Fo chasan luchd-bhriogais:
Gur h-e mise 'th' air mo leonadh.

'S ann a chog thu 'n tur dealbhach
Goirid gearr o Loch-Lochaidh.

Chunnaic mis' Inbhir-Gharaidh
Muirneach, aighearach, ceolmhor.

Bhiodh an cup ann ad chearr-laimh
Is e dear-lan gu dortadh.

'N uair a chuirt' an lan strachd air,
Gu 'm b'e 'm fath 'chumail comhnard

'S tha 'nis do thalla mor greadhnach
Gun solus coinnle, gun cheol ann;

'S do sheomraichean geala
Gun smuid, gun deathach, gun cheo dhiu.

ORAN AN AGHAIDH AN AONAIDH EADAR ALBAINN AGUS SASUNN.

LE IAIN LOM.

Ge b'e thogas an lasair
An am fadadh na smuide,
Theid an cuibhreach, mu'n chaj ull,
Gun bhi fada fo 'gluinibh:
Ach 'fhir a dh'eirich le gradachd
A char fasdadh nan lub oirr',
Sparr thu 'n goisnean mu 'ladhar
Mar eun clomhach an ruchain.

Bhrist thu luirg anns a chrann sin,
'S chaidh an seann damh'am mearachd:
Na daimh oga tha 'bencaich,
'S iad gun fheunn a chum tarruinn.
'Fhir a b' abhaist an ceannsach'
Is an tionndadh le an-iochd,
'S e Diuc Atholl le durachd
Bhrist do luban a dh'aindeoin.

Ge b'e 'leanadh gu direach
Diuca firinneach Atholl,
'S roghainn cruthaicht' thar sluaigh e
'Bhuidhneadh buaidh mar 'rinn athair.
Bha thu 'n aghaidh luchd-cise
'Ghabh na miltean mar roghainn;
Ach fagaidh mis' iad gu h-iosal
'Nan laidhe shios anus na spleadhan.

'S mor 'tha 'ghliocas na rioghachd
Deagh sgriobht' ann ad mheomhair.
'Bha thu foghlum as d'oige
'Chur na corach air adhart
'N aghaidh Bhanntairean misgeach

Bha ri bristeadh an lagha;
Nam biodh iad uile gu m'ordagh·s
Gheibheadh iad cord agus teadhair.

Na bioch ort-sa bonn airtneil,
Tha fir Athoill nan seasamh;
Luchd nan gorm lannan geura
'Dheanadh feum dhuit 'gad fhreasdal:
Mar sid 's do dheagh bhraithrean
Luchd nan sar-bhuillean sgaiteach;
Fir a chaitheamh nan saighead,
'Sa ro ghleidheadh na cartach.

Na biodh ortsa bonn mi-ghean.
Tha fir do thire gle ullamh;
Corr mor is deich mile
Ged a leughainn an tuilleadh,
'Mheud 's a bhuinnig e 'phris dhuit
Chaidh e sgriobhte do Lunnainn:
Na chuireadh dragh orra an Alba
Gu'n robh 'nan armaibh gle ullamh.

Latha randabhu 'n t-sleibhe
Bha mi-fein ann is chunnaic;
Bha na trupanan srein' ann
Bha na ceudan a' cruinneach.'
Ge b'e ghabhadh air 'anam
Gu'n robh mnathan mar dhuin' ann.
Gu'n rachadh saighead na airnibh
Gus an traigh i an fhuil as.

"Mhorair *Dupplin*, gun fhuireach.
Dh'fhosgail uinneag do sgornain:
Dh'eirich roscal a'd' chridhe
'Nuair chual thu tighinn an t-or ud:
Shluig thu 'n aileag de'n gheanach.
Dh'at do sgamhan is bhoc e;
Dh'fhosgail teannsgal do ghoile,
'S lasaich greallag do thona.

Cha b' iughnadh sid dhuit a thachairt
Ogha bhaigeire Liunnsaidh,
 Sa liuthad dorus mor caisteil
Ris 'n do staile e 'chnaimh tiompain.
Cha d'fhag e baile gun siubhal
Bho Chill-rudha gu Frainse,
Mar ghabhas sin 's an t-ord Gallach
Gu ruige baile Iarl Anntrum.

Ogha baigeir na luirich
Ciod do chuis an taigh-parla
Mur deach thu dh'fhoghlum a gheanaich.
Mar bha 'n seanair o 'n d'fhas thu.
Cha d'fhag e ursann gun locradh
Eadar Ros is Ceann-Taile;
Bhiodh a dhiosg-san gle ullamh
An am cromadh fo 'n fhar-dorus.

Tha Queensbury 'n trath so
Mar fhear straic' a cur thairis.
Eis' a' tarruinn gu direach
Mar ghearran dian ann an greallaig:
'S luchd nam putagan anairt
Lan smear' agus geire;
Nam bu mhisc an ceannair',
Bhiodh 'n ceann de 'n amull air dheireadh.

Tha Diuc Atholl's Diuc Gordan
Gle chloiste 's iad duinte,
 Air an sgriobhadh gu daingeann.
Ach tha Hamilton dubailt'.
Iarla Bhrathainn bhiodh mar ris,
Cha bhiodh mealladh 'sa chuis sin,
'Toirt a chruin bhuainn le ceannach.
An ceart fhradharc ar suilean.

Tha Memneireach Uaimh ann
Gle luaineach 'na bhreathal,
 'Se mar dhuine gun suilean

'Giarraidh iuil air feadh ceathaich:
Ach thig e fathast le umhlachd
'Chum an Diuc, ma 's i bheatha,
'S bidh a shannt 's a mhi-dhurachd
Anns an smur gun aon rath air.

Iarla Bhrathainn a *Seaforth*,
Cha bhi sith-shaimh ri d' bheo dhuit,
Gu'm bi ort-sa cruaidh fhaoghaid
'N taobh a staigh de 'n Roinn-Eorpa.
Ach nam faighinn mo roghainn
'S dearbh gu 'n leaghainn an t-or dhuit
A stigh air faochaig do chlaiginn
Gus an cas e do bhotuinn.

Spleadhan, falsehoods.—Cairt, a charter.
Roscal—joy. Greallag—a swing in the
8th verse, or according to the Highland
Society's Dictionary, a gut, a swingle-tree
in the 11th verse. Putagan amairt—pock
pudding. Ceannaire—a driver, a leader
of plough horses.

———

The Union with England, which took
place May 1st 1707, was exceedingly
unpopular in Scotland. It was carried
however, in the Scottish parliament by a
hundred and ten votes against sixty-nine.
Many of those who voted for it were
bribed by English gold, or by promises of
rank and office. James Douglas, second
duke of Queensbury, was the most ac-
tive agent in bringing it about. Thomas
Hay, Viscount Dupplin, was in favor of
it. Menzies of Weem and Cillean Dubh,
fifth Earl of Seaforth were also in favor

of it. James Douglas, fourth duke of
Hamilton, opposed it, but not in such a
straightforward manner as was expected
of him. He could have prevented it if he
had exerted himself properly. John
Murray, first duke of Athol, opposed it
with great zeal.

DOMHNALL GRUAMACH AGUS IAIN LOM.

DOMHNALL GRUAMACH.

A bhean nam pog meala,
'S nan gorm-shuilean meallach;
'S ann a tha mo chion falaich
Fo m' bhannan do m' ghradh.
　　A bhean &c.

Cha 'n eil mi' 'gad leirsinn,
Ach mar gu 'm biodh reul ann
An taic ris a' ghrein so
'Tha 'g eirigh gach la.

IAIN LOM.

Air leatsa gur reul i,
'S gur coltach ri grein i,
'S og a chaill thu do leirsinn
Ma thug thu 'n eisg ud do ghradh.

Bola lh uilleadh an sgadain,
De dh' urlainn na h-apa;
'S i 's cubaiche faicinn
A tha 'n taice ri traigh.

DOMHNALL GRUAMACH.

Fios bhuam gu Iain Mabach,

Do 'm bu cheird a bhi 'gadachd,
Nach co-ion da 'bhi 'caig rium
Is ri cabaire baird.

Am busaire ronnach.
Fear nam pliut-chasan croma:
Tha na cuspan air lomadh
Gu bonnaibh do shail'.

Am pliutaire busach,
Fear nam brùsg-shuilean musach;
Cha 'n fhasa do rhuigsinn
Na plubartaich cail.

Ged tha thu 'm fhuil dhirich,
Naile, cumaidh mi sios thu;
Cha bhi coille gun chrionaich
Gu dilinn a 'fas.

Fuigheal fior-dheireadh feachd thu,
Cha 'n fhiach le cach ae 'thu:
Chaill thu d' ingnean 's a' Cheapaich
S griobadh prais' agus chlar.

IAIN LOM.

Fios bhuamsa dhuit, 'ille,
Chaill thu dualchas co chionidh;
Gu bheil thu air maire,
Lan de dh' inisgean baird.

Mi cho saor de na ronnan
Ri aon beo dhe do shloinneadh:
Naile, rinn thu breug shoilleir
Ann am follais do chach.

Ma 's ann ormsa mar dhimeas,
Ghabh thu 'choill as a crionaich.
Iarr an doire na 's isle
Bho iochdar do chlair.

Mur bhi dhomhsa mac d' athar,
Is ann da 'tha mi 'g athadh.
Naile, chuirinn ort athais
A tha faiste 'nad chail.

———

Bha triuir mhac aig Iain Bhoth-
Fhionntain, Alastair, Domhnall Donn,
agus Domhnall Gruamach. Bha Domhnall
Donn 'na bhard fior mhath. Tha e
colrach ris nach robh Domhnall Gruamach
a bheag air dheireadh air.

———

IAIN DUBH MAC IAIN MHIC AILEIN.

John Macdonald, commonly known as Iain Dubh Mac Iain Mhic Ailein, belonged to the Clanranald branch of the Mac-Donalds. He was born about the year 1665. He received a good education. He belonged to the Roman Catholic Church. He resided at Grulean in the island of Eigg. He fought at the battle of Sheriffmuir. He lived in comfortable circumstances. The time of his death, like that of Mac Mhaighstir Alastair, seems to be unknown. At any rate we have never seen it mentioned. There are three of his poems: "Oran nam Fineachan Gaidhealach," "Oran do Mhac-Mhic-Ailein," and "Marbhrann do Mhac-Mhic-Ailein," in Mackenzie's Sar-Obair nam Bard. The other poems ascribed to him in that work. "Marbhrann do Shir Iain Mac-Gllleain" and "Crosanachd Fhir nan Drimnean" were composed by Iain Mac-Ailein, of Mull.

AONGHAS OG MAC SHEUMAIS.

Oran do dh' Aonghas Bhaile Fhionn laidh.

LE IAIN DUBH MAC IAIN MHIC AILEIN.

Aonghais oig mhic Sheumais,
 Fhir ghleusd' an aigne mhoir,
Ma dh'fhalbh thu siubhal reidh leat,
Deagh sgeul ort leamsa 's deoin;
Thu fhein 's do bhrathair gle mhath
A ghlac an fheil' air dhorn;
'Cha dean mi tuilleadh pleide ruibh
Bho 'n 's beag oirbh fein am bosd.

Leamsa gur seol eigin e
Nach d'fheud mi 'bhi 'n 'ur coir,
'S gu 'm faighinn sealladh cibhinn.
Le toil De na'm bithinn beo,
Air aghaidh Ailein Mhuideartaich,
Bho 'n 's e san grunnd mo sgeoil.
Is fradharc sul' an tanaisteir
A bhrathair, Raonull og.

'S gu 'm faicinn an ros fior uasal
A's priseile na 'n t-or,
'S an t-eumhann gasda riomhach sin.
'S a dhreach air fiamh an lo,
Leug nam buadhan firinneach
'S an fheinics fhior-ghlan chorr:
'S air lionmhoireachd nan reultaichean
Gun cheist 's tu fhein am pol.

Gur muirneach, cliuiteach, eireachdail
Penelope mar ainm;

Gur niarachd te da'n goirear e.
Ma leanas i do lorg;
Do ghiomharan 's co soilleir iad
'S tha 'n geal a bhios air dearg;
'S i 'n ti so tha mi 'g innseadh dhuibh
An t-siobhaltachd gun fhcirg.

Penelope 'bhan Ghreugach sin,
Gur buan a sgeul aig cach,
A chionn gu 'n robh i firinneach
Is tior sheasmhach 'na gradh;
Ach Penelope dhubh ghle-gheal so
Le a ceutadh choisinn barr;
Cha ruigeadh bean Uiliscis i
Mar 'n deicheamh, cuid 's gach cas.

Iochd is gradh is tiughantas
An trinir a bha 's a' ghleann,
Is creidimh, ciall, is umhlachd,
Na cruintean 'bh air an ceann,
Tuigse, baidh, is faighidinn,
'S gun sgaiteachd ann an cainnt;
Bha 'n deichnear sin cho pusda riut,
'S tha 'n uir ri friamh nan crann.

Beir soraidh bhuam, ged dh'fhuirich mi,
Gu taigh nan uinneag ard;
'N taigh buadhach, stuadhach tuireideach
Nach uireasbhach ri daimh;
'N taigh ceolmhor, olmhor, aighearach
'S an faighear cuirm le failt;—
Gu'n gleidheadh an Righ a cheannard
        dhuinn
'S a' bhain-tigh'rna 's math ghaths.

Ged dh'fhan mi air bhur culthaobh
'S ann leam tha chuis ro chaillt',

Nach d'thug mi greis de'n Juldachd
Anns a chuirt 'am biodh an danns'.
Ach tha n seanfhacal 'ga urachadh,
Ge luthor an cu cam,
Ge titheach air an smodal e.
Cha bheir e bhos is thall.

Pleid or bleid—a wheedling a cajoling.
Eumhann—a pearl. Feinics -the phoe-
nix—a mythical Egyptian bird. *Pol.* -the
north pole. Ceutadh—pleasantness, ele-
gance. Penelope, wife of Ulysses, is re-
garded as a model of conjugal and domes-
tic virtue. Her praise was sung by Ho-
mer. Smodal — crumbs, fragments of
meat, sweepings.

Ailean Muideartach was married to
Penelope Mackenzie, daughter of Colonel
Mackenzie, of Tangiers. She was pos-
sessed of beauty, wit and sweetness of
temper, and was highly esteemed.

AM BRUADAR.

Oran air cor na rioghachd 'sa bhliadh-
na 1715.

LE IAIN DUBH MAC IAIN MHIC AILEIN.

Luinneag—

Hei ho, tha mulad air m' inntinn,
Cho trom ri claich mhuilinn
Air lunnaibh na sineadh,
Bho nach h-'eil a h uile rud
'Chunnaic mi sgriobhte,
Cha bheo air a chruinne
Na 's urrainn an innseadh.

Hei ho!

Chunnaic mise 's mi 'm' chadal
Gne de dh'aisling ro fhuath'sach,
Ghabh mi 'leithid de dh' eagal
'S gun do theap mi bhi 'm' uaigh leis.
Thug mi sealladh 's na speuraibh
Is ghlac maoim mi le uamhann.
Ga'n robh Mars anns an leum sin
'Na lan eideadh geal cruadhach.

Ann an toiseach na comh-stri
Chaidh Bellona air ghluasad:
'S nochd sinne, 'thoirt caismeachd bhuainn.
Ar bratach gu h-uallach.
Bha sluagh cois' agus marcachd
A dol seachad mu 'n cuairt duinn;
Bha run feirg' air gach gaisgeach,
'Se dian lasadh gu cruadal.

Thug mi suil air an fhairge,
S cha bu dearmadach m' inntinn.
Nuair a chunnaic mi 'gharbh luaidh
Is fiamh calma gach milidh,
Thainig smaointinn a' m' eanchainn.
Ma bha 'n tairgreadh 'na fhirinn
Gu 'm biodh cogadh is marbhadh
A bhiodh gailbheach 'san rioghachd.

Nuair a chruinnich iad uile,
Sluagh gach luinge 's luchd tire,
Bu phailt biadh ac' is lannan,
Cha robh gainne 'thaobh ni orr'.
Bha iad namhaideach fuileach,
Is dian guineach 'chum strithe;
Bho la Fhinn cha do chruinnich
Tric an uiread de mhiltibh.

Bu dluth chluinnteadh nan campa
Guth na Gall tromb' 's fuaim pioba,
Fairgneadh sunndach na druma
Cur gach curaidh gu dian theas.
Fhuair gach fear 'bha 'n comannda
Ordagh teann thun a ghniomha,
S theann an armailt ri marsadh
Thoirt gach namhaid fo chis dhaibh.

Labhair guth rium na briathran s';
"Ged's cuis-fhiamha na chi thu
Cha dean aon diu bonn lochd' ort
Mura coisinn thu 'm miorun;
Is an neach tha thu 'g iarraidh
Na bi fiafraich os 'n iosal
Gus am faic thu 'mhuc iasaid
'Ga sior stialladh aig miolchoin."

Chunnaic mise mu 'n d' dhuisg mi

Ni chuir curam air m' inntinn,
Teine 'bruchdadh a canain,
'S bristeadh bhallachan diona,
Leagadh 's leadairt mu 'r bailtean
'S iad 'gar glacadh os 'n iosal
Paisdean 's mnathan a' caoineadh
S luchd an gaoil ann am priosan.

Lunn—the pole of a litter or bier, a
skid or pry. Mars—the God of War.
Bellona—the Goddess of War. Tairg
readh—a prophesy. Fairgneadh—beat
ing, hacking. Fiafraich or fiafruigh—
enquire, ask. A mhuc iasaid—King
George I.

The Jacobites, who took part in the in-
surrection of 1715, expected help in men
and money from France. The standard
of prince James was raised at Castletown,
in Braemar, September 6th, 1715. The
battle of Sheriffmuir was fought on the
13th of the following November. The
Highlanders, who were cooped up in
Preston, surrendered on the same day.
The poem was composed shortly after
these events.

ORAN DO MHAC-SHIMI.

LE IAIN DUBH MAC IAIN MHIC AILEIN.

An deicheamh la de thus a' Mhairt
A ghluais an staia 's measail aice;
'S ait le chairdean beo.

An deicheamh la, &c.

Ged chuir naimhdean thu le ainneart
'Null do 'n Fhraing bhuainn, neo-ar-thaing
    dhaibh,
Fhuair thu 'm ball fo d'bhroig.

Fhuair thu cuirt an sin o Luthais
Ghabh e curam dhiot o'n b'fhiu thu
Chionn do ghiulain chorr.

'S iomadh fuaran glan gun truailleadh
De 'n fhuil uaibhrich 'ruith mu'd ghuail-
    libh,
'Fhir a's uaisle feoil.

Cainnt gun aicheadh, ceart ri 'radh e,
'S tusa 's caindiche 'n measg Ghaidheal
'Bha riamh air d'aite beo

Tha fuil Stiubhartaich a' chruin
'N deigh a dubladh a'd' chorp cubhraidh.
'S Iarla Weem 's Mhic Leoid

Tha fuil phriseil Iarla Seaforth
Air a sioladh a'd' bhallaibh rioghail,
Glac nach crion mu 'n or.

Cairdeas fal' thu 'Mhac-Mhic-Ailein;
Da nair daingeann ri Gleann-Garadh;
Car thu Mhac-Gilleoin.

An t-armunn Sleiteach, Mac Shir Seumas
Nan arm geura, dhuit 'sa'cheum ud,
Dha 'm biodh na ceudan sloigh.

Ceannard aigeantach nan Abrach.
Gura fagus dhuit am fear sin;
Dh'eireadh leat na seoid.

Dreagan feardha 's nath'rail searbh thu:
'S tu bu ghailbhiche fo d' armaibh,
S e' fhuil 'na tailbheum mor.

Leoghann ainmeil 's neimheil calg,
A bheithir ana-meineach gu marbhadh
N uair 'chasadh fearg a'd' shroin.

An laoch garg 's am buinne borb,
Is deacair fhoireigneadh, triath na cal-
        machd,
Le 'm miannach mordhail chorr.

'S muirneach foirmeil an ceann airm thu,
Cuis a dhearbhadh o d' aois leanabais
'Bhi gun dearmad gleois.

Fhuair thu d'ghlacaibh ceile leapach,
Deagh Nic Ailpein gleidhteach sgapach.
Beul o'm blasd thig gloir,

Bain-tighearn dhiadhaidh, shocrach, chial-
        lach;
Cridhe fialaidh le deagh riaghailt,
Gnuis gun iomhaigh reot'.

An neamhain shoilleir 's an leug nach
doilleir,
N ti gun choire mar sgathan gloine,
Lan eireachdais gu leoir.

Gu ma buan do 'n lanain uasail,
'Dh'fhas gun uabhar, air aon chlnasaig
An seire 's am buaidh gun leon.

'Dheagh Mhic Shimi nan arm innealt',
Slan thu philleadh gu d'dheagh ionad,
Sid mar shirinn do.

Tailbheum, properly tuil-bheum—a tor-
rent Neamhain or neamhnaid—a pearl.
Ana-meineach—stubborn, furious.

— — —

Hugh Fraser, 7th Lord Lovat, married
Elizabeth Stewart, daughter of the Earl
of Athol, by whom he had Simon, 8th
Lord Lovat. Simon married Catherine,
eldest daughter of Cailean Cam, 11th
MacKenzie of Kintail, and had by her
Hugh, 9th Lord Lovat. Hugh married
Isabella Wemyss, daughter cf John, 1st
Earl of Wemyss, and had six sons,
Thomas of Beaufort being the fourth.
Upon the death of Hugh, 11th Lord
Lovat, in 1696, Thomas of Beaufort be-
came the representative of the family.
He was born in 1631, and died in 1698.
He was married to Sybella, daughter of
John Macleod, of Macleod, and had six

sons. Alexander his eldest son having killed a man by accident at a wedding near Inverness, had to leave the country. He fled to Wales, where he died. Simon, his second son, was the famous Lord Lovat of history. Simon's mother, Sybilla Macleod, Sir John Maclean's mother and Ailean Muideartach's mother were sisters. Thomas of Beaufort was actually the 12th Lord Lovat. It seems, however, that his right to the title had never been properly acknowledged; hence Simon was invariably designated 12th Lord Lovat. Simon was born in 1667. He studied at the university of Aberdeen, where he highly distinguished himself. He was treated very unjustly by the Earl of Athol, who endeavored to deprive him of his estate. He married Margaret Grant, daughter of Ludovick Grant, of Grant, in 1717. This is the "Nic-Ailpein" of the poem. He was beheaded in London, April 9th, 1747. He was a man of ability He was pleasant in his manners when he liked, but selfish and full of duplicity. But whatever his character was, his execution, in the 80th year of his age, was a shameful and cruel act.

IAIN MAC AILEIN.

John Maclean, commonly called Iain Mac Ailein, or Iain Mac Ailein Mhic Iain Mhic Eoghain, is entitled to a very high rank as a poet. He belonged to the Ardgour branch of the Macleans. Ewen, sixth Maclean, of Ardgour, was married to a daughter of Stewart, of Appin, and had two sons, Allan his heir and successor, and John. John was married and had a son named Allan. The poet was a son of this Allan. He was thus a great-grand-son of Maclean of Ardgour. He lived in Mull. His place of residence was not far from Aros. His poems were taken down by Dr. Hector Maclean, who lived about a mile from Tobermory. Dr. Johnson and Boswell called to see Dr. Maclean, when travelling through the Western Islands in 1773. The doctor was not at home, but the visitors were entertained by his daughter Mary, a highly accomplished young lady. She read and translated some of John Maclean's poems for them. Boswell makes the following reference to this fact:

"Miss Maclean produced some Gaelic

poems by John Maclean, who was a famous bard in Mu'l, and had died only a few years ago. He could neither read nor write. She read and translated two of them, one a kind of elegy on Sir John Maclean's being obliged to fly his country in 1715; another a dialogue between two Roman Catholic young ladies, sisters, whether it was better to be a nun or to marry. I could not perceive much poetical imagery in the translation. Yet all of our company who understood Gaelic seemed charmed with the original. There may perhaps be some choice expression, and some excellence of arrangement, that cannot be shown in translations."

Dr. Johnson's reference to Miss MacLean's translating Iain Mac Ailein's poems for him is as fallows:

"There has lately been in the islands one of these illiterate poets, who, hearing the bible read at church, is said to have turned the sacred history into verse. I heard part of a dialogue, composed by him translated by a young lady in Mull, and thought it had more meaning than I expected from a man totally uneducated; but he had some opportunities of knowledge; he lived among a learned people."

We scarcely think it probable that Iain

Mac Ailein was not able to read. His father, we may take for granted, was in fairly comfortable circumstances, and could afford to give him some education. The poet shows a good acquaintance with the traditionary history of Ireland. It is evident that he was well versed in the bible. He was thoroughly familiar with the political events of his own day. These facts, however, do not prove that he could read.

Iain Mac Ailein was evidently in his prime in 1689, the year in which the battle of Killiecrankie was fought. He composed a magnificent elegy on Sir John Maclean, who died in 1716. His luiric Fear Threisinnis must have been composed about the year 1738. There is no reference in any of his poems to the events of 1745. It is probable that he died about that time. He was an old man at the time of his death.

ORAN.

A rinneadh 'n uair a bha Sir Iain Mac-Gilleain, Triath Dhubhairt, ann an Carnabrugh.

LE IAIN MAC AILEIN.

Beii fios leat bhuam do Carnabrugh
Gu deagh Shir Iain nan armunn gasd',
Ged rinn mi caochladh maighistir
Nach feairrd' mi mu mo mhiadh e.

Ge tric a dol a dh' Aros mi
A dh'ol gach boinne 'tharas mi,
Cha 'n iomnan's mar a b'abhaist dhomh.
Cha bhi mo ghair' air m' fhiacail.

Na mionnan 'thug sinn thall an sin,
'N uair a bha camp Mhic Cailein ann,
'Dheoin De cha mhisd' ar n-anam iad,
Ach b' aindeonach an gniomh e.

Na'n cluinninn fhin am Bacach
'Thigh 'nn le chabhlach laidir aefhuinn-
each,
Cha dearbhadh neach thar fasdaidh orm
Gu 'm b'fhear *protection* riamh mi.

Na'm faicinn duine fiirinneach
A chomhdaicheadh na dh' innseadh dhomh
Gheibhteadh 's an Leth lochd raich mi
'S mi comhdlach mo phios iaruinn.

Ged nach robh mi riamh cho tapaidh
'S gu 'n deanainn sealg no tacar leis,
Is leoir leam fhad 's a chaidil e
Fo 'n leabaidh far 'n do liath e.

Tacar—provision, plenty.

———

Shortly after the battle of Killiecrankie
the Earl of Argyll obtained a commission
of fire and sword against the Macleans,
and invaded Mull with a force of 2,500
men. Sir John Maclean retired to the
fortified island of Kernburgh, and advised
his followers to take the oath of allegiance
to the new government, and accept pro-
tections from Argyll. He remained in
Kernburgh until 1692.

SGEUL AN EIBHNEIS;

Oran a rinn am Bard 'n uair a chual e
gu'n robh Sir Iain Mac-Gilleain beo.

LE IAIN MAC AILEIN.

Na'm faicinn gu 'm b'fhior,
Na'm faicinn gu 'm b'fhior,
Na'm faicinn gu 'm b'fhior,
    Sgeul dearbhte so,

Bu mhire mi-fhin
Na caitean beag mios'
Nan digeadh gu crich
    An tairgineachd,

An neach so 'chaidh eug
Am barail gach leigh
'Thigh'nn thugainn
    'Na threun-fhear Albanach;

Mar theice ri 'r cul
'Sa' chath mar cheann-iuil,
Gu 'n togamaid suil
    Bho 'r plangaidean;

Gu 'n eireadh deagh fhonn
'S gach cridhe 'tha trom,
'S cha 'n fhaicteadh cinn chrom
    Neo-mheanmnach oirnn.

Gu 'n tilgeamaid clach
Ri 'r nabaidh cho ceart,
Gus an ruigeamaid *stap*
    An t-seann duine;

Gu 'n cuireamaid baile
Air oiribh ar cas,

Cha leanadh aon drap
De 'r dranndan ruinn,

'S gu'n tilleamaid breug
Air ar coimpire fein,
'Nuair 'chuireadh e 'n eucoir
Dhalmar' oirnn.

Le fabhar a chruin
'S le rathad an Diuc
Na'm faighinn do chuis
A dhainghneachadh,

'Sa chinneadh so fos
Chit' iongantas mor,
Gu 'm bu mhacanaibh og
Na seann daoine,

'S na sgriotachain mhios'
'Dol 'n airdead 's am miad.
'S bhiodh iad aithghearr aig linn
An leanabalachd;

'S gach bean dha'm bu tric
Clann nighean mar shlioc
Gu 'm biodh aca mic
Gu toirbheartach.

Mar nach d'fhas e 'nad dheigh
An airdead no 'm meud,
'S ro mhath chinneadh am feur
'S na garbh-chriochaibh.

'S bu lionmhor na feidh
Nam frithearaibh fein
'Dh' aindheoin tapachd is treinid
Shealgairean.

Dheanadh machair is coill
Gair' lachainn ri d' chloinn,

'S tu 'thigh'nn dachaidh fo staoile..dh
    Ainmealachd.

Tha mi guidhe gu dur
Air an Ti 'th' air an stiuir
'Ur cur sabhailt' o'n chunnart
    Chaillteach so.

Gu cala gun ghuais,
Gun bhairlinn, gun stuadh,
Gun trioblaid, gun luasgan
    Laimhrige,

Gu tearuinteachd nois
Gun uireasbhuidh gleois,
Far nach tuairg'neadh an rod
    No 'n t-anfhadh sibh.

'N sin bu mhire mi-fhin
Na caitean beag mios',
Na'm faicinn gu 'm b'fhior sgeul
    Dearbhte sin.

Tairgineachd — prediction. Guais—
danger. Laimhrig — a landing-place, a
wharf.

NA'N DIGEADH SIR IAIN.

Oran a rinn am Bard 'nuair a chual e
gu'n robh Sir Iain Mac Gilleain
ann an Sasunn.

LE IAIN MAC AILEIN.

Luinneag—

Na'n d' thigeadh, na'n d'thigeadh,
Na'n d' thigeadh do sgeul,

'S gu 'm faodainn 'bhi ciunteach
As na dh' innseadh dhomh 'n de,
Gu'n tilginn as m' fhochair
An cochull gun fheum,
'S gu 'm faicteadh mi fhathast
Air atharrach gleus'.

Na'n digeadh Sir Iain
Mo chridhe 's mo chleibh,
Gu 'm b'eibhinn ar n-aigneadh,
Mar bhradan a' leum.
Thogadh cridhe do mhuinntreach
Tha 'n cunnart dol eug,
'S gu 'n digeadh do m' ionnsaidh-s'
Mo shugradh beag fhein.

Do chinneadh 's do dhualchas
'Bha cruadalach treun,
'S bu mhath an Raon-Ruairidh
Mu 'd ghuailnibh 's an fheum.
Tha 'nis 'n am fath truaighe,
Mar chuagair' tha 'm beus;
Ged gheibh iad am bualadh
Cha ghluais iad am beul.

Ged tha sinn fo dhochair,
Mar mholtaibh mu chro,
Aig naimhdean fo bhaogh'l
Toirt dhuinn aobhar air bron,
'S luchd-spuillidh ri tair oirnn
Mar thraill na spain bhrog,
Cha'n aithnicht' an teas la sinu
Aig airdead ar croic'.

An ealta ro ghleusd'
An robh eifeachd gu leoir,
'Bhuidh' neadh geall air gach tulaich,
Far an criunnicheadh eoin,
Le'n itean corr sgeithe,
Le'n treine 's le 'n treoir,

Cha 'n fhearr iad air coinnimh
Na cromanan-loin.

Na'n tilleadh a chuibhle
Bharr iomrall a seoil,
'S gu 'n iompadh i deiseil
'N taobh deas mar bu choir,
'S iomadh neach tha fo mhuiseag.
'Sa cheann lubte 'na sgrob,
'Chuireadh baile air a chasaibh
An taisbeanadh shron.

Na 'm biodh iad dhomh fagusg
Na bheil fad o laimh,
Sir Iain nan caisteal
Is Bacach a bhlair,
'N neach do 'n d' fhuiling mi m' fhaob-
        hach,
Mar chaora mhaoil bhain,
Bheirinn tionndadh mar leoghann air,
'S m' ordag 'na shail.

'S leoir truimead bhur cadail,
Ma thachair sibh slan!
Mur suidhich sibh cairtean
A ghlacas cuid chaich,
Bidh sinne fo gheur sgrios
Le feileadh a' chlair;
Mur faic sibh fo dhicn sinn,
Bidh dith oirnn ri 'r la.

Tha sinn tamuil an iargain
Le fiabhras ro ard;
'S faide la leinn 'g ar pinadh
Na bliadhna 's sinn slan.
Am bruadar an fhaochaidh,
Tha daoine ag radh,
'Gur tearc leigh a ni aithn' air
Seach teannair a' bhais.

'S mor am farmad a th' agam s'
Ri d' aid is ri d' chleoc;
'S iad 'th' air grianan na maise
Ri glacadh an soigh.
Na 'm b'e m' fhortan sa tuiteam
'N riochd buclan do bhrog,
'Se 'b' fhearr mar shogh muthìn
Na criochan righ mhoir.

'Tha mi 'guidhe le m' run
Is le m' dhurachd do ghnath
Air 'n Ti 'chruthaich air thus thu
'S thug dhuinn thu mar bhlath,
Cur muinghin mo dhochais
'Na throcair ro ard,
Nach d' fhuair sinn ach leasan
Thun ar teagasg na's fhearr.

Cnagaire—an awkward, slovenly man.
Baoghal—peril, danger Corr- excellent.
Faobhaich — despoil. Faochadh — the
point in sickness at which one is begin-
ning to get well, relief. Teannair--any
instrument to squeeze with.

NAIDHEACHD AN AITEIS.

Oran do Shir Iain Mac-Gilleain air do 'n Bhard a chluinntinn gu 'n robh e a' tighinn dhachaidh.

LE IAIN MAC AILEIN.

An sgeula so 'th' aca
'Ga innse le aiteas,
Na'm faighinn fear-ceartais

A dhearbhadh am mach e,
B' ionnan eirigh do m' aigneadh
'S mar gu 'n leumadh am bradan
Bho dheabhadh an aigeil le luth-chleas;

Sir Iain nan caisteal
Thar fograidh 'thigh 'nn dachaidh
Gu mor bhaile Shasuinn,
'S a bhanruinn 'ga ghlacadh
Le caoimhneas bu cheart d'i;
'S cha bu traoiteir air aitim
Do dh' oighre no 'fluction a cruin-s' e.

S ann 'chaill iad na bh' aca
De dh' earasaid fharsuing
Leis gach tionndadh 'bha tachairt;
N Inbher-Cheiteinn thuit Eachann
Is mile mu 'bhrataich
Gun tioma, gun taise;
Foill Holburn 's nam marcach 'thug cuis
      diu.

'N ti so dh' fhalbh bhuainn air bhladhal
'S nach d' fhag brathair no athair,
'S daor a cheannaich e 'm fabhar
'Thug righ Seumas d'a grathunn.
Threig e 'chinneadh mor flathail
Dha 'n robh oighreachd is taighean,
Ragh e 'm fogar seach aighear a dhuthcha.

An Raon-Ruairidh le brughach
Bha do reisimeid subhach
'S tu-fhein maille riubha;
'S iomadh gruaidh 'bu ghlan rughadh
'Dol 'n ar n-armaibh 's 'n ar n-uidhim
Ann an toiseach do shiubhail,
'Theirt fios fuathais gu buidhinn an
      diomba.

Ged a b' og thu 'n Dun-Chailleann
'S e do ghniomh nach robh clannail
'S ann a dhearbh thu 'bhi fearail,
Chuir thu geard a chuil chlannaich
Ri aodann a bhaile;
Ged thuit pairt diu gun anam
Chuir iad aitreabh nan Gallaibh 'na
    smudan.

Cha chualas gu minic
Ann an seanachas no 'm filidh
Gu 'n robh duthaich no cinneadh
Riamh 's a chas 's a bheil sinne,
Gun fhear pairte no spionnaidh
Ann an aite no 'n ionad;
Sinn gun righ, gun cheann-cinnidh, gun
    duthaich.

'S fad o cheil' iad air bhadhal
Gach fear treun a chur catha,
A b 'fhearr feum leis a chlaidheamh-
Dh' fhalbh am buachaille ra mhath,
Dha 'n robh caoimhneas is ceannas,
'S dh' fhag e 'threud fo throm eallaich,
Gun fhear gleidhidh, no faire, no stiuiridh

Dh' fhalbh ar n-aighear air fad bhuainn,
'S sinn mar luirich a' bhaigeir,
Air a tilgeadh air cladach,
'Na cuis bhuirt agus mhagaidh,
Is gun chlud d' i, 'ga pailtead,
Gun choig fichead fear-tagraidh,
'S iad 'ga reultadh, 's'ga sgapadh, 's ga
    spuinneadh.

Ged is trom leinn an strac sin,
Thoill ar peacannan barr air,
Gu 'n robh pobull 's an Eiphit,
'Bha fo bhruid aig righ Faro,

'S 'n uair a chaidh iad do' n fhasach
Is a chaochail iad gnathan
Fhuair iad comhfhurtachd adhmhor bho'n
    sgiursadh.

Na'm pilleamaid fhathast,
Le cridheachan matha,
Bharr i< miall an rathaid
Bu shoirbh do Righ Fhlaitheis
Gach smal a th' air laidh' oirnn
Gu tur dhinn a chrathadh,
'S gu 'm b' ionmhuinn le'r n athair ar
    u-umhlachd.

Ged tha sinn fo ainheal
An deigh Mhic-Gilleain,
'S beag an t-ainm e r'a labhairt
Seach fogradh nam flaithean
Dha 'n robh crun agus cathair,
Beairt a's namharr' r'a amharc,
'S gur a seirbhe e na 'n gabhann r'a
    iomradh.

Ma 's a firinn ri 'labhairt
Gur h-e Seumas a's athair
Do na Phrionnsa a th' air faighinn,
Ge b'e thionnsgainn ri daithean
'Chur air og anns a chreathaill,
Tha mi 'n duil gu 'n dig lacha
A bheir luchd a ghniomh' ghrathail gu
    cunntas.

'S mairg am Breatunn a tharlas
Nuair thig diogh'ltas a phaigheadh
Luchd na foille 'san ardain;
Ghearr iad muineal righ Tearlach
Air fior bheagan de dh' abhar
Chuir iad Seumas air anradh,

'S ghabh iad Uilleam is Mairi d'an
   ionnsaidh.

Gu bheil Britheamh 'sna' neamhan
'Tha 'toirt teisteanais araid
Gur h-e fein dha'n robh cas dhiu;—
Chaochail siantan is laithean,
Bhruchd gach torran gu saibhir,
'S tha gach duine na's fhearr dheth
Bho na thachair do 'n Bhanruinn so
   'crunadh.

Earasaid—a square of tartan cloth worn
over the shoulders. Badhal—wandering.
Clannach- hanging in locks. Aimheal—
vexation. Gabhann—gall.

It was commonly, but erroneously sup-
posed that Prince James was not the son
of James II. and his wife. The Prince
was born in 1688, a few months before
his father's abdication. Queen Anne was
crowned in 1702. Sir John Maclean re-
turned from france in 1703. Queen Anne
conferred a pension of £500 sterling a
year upon him. This pension he enjoyed
during the remainder of his life.

AN SUGRADH.

LE IAIN MAC AILEIN.

Thoir fios bhuam gu Anndra,
'S na dearmaid 'innseadh trath,
Mo chompanach uasal

Ro shuaire is bu chubhaidh dha,
Ma's fath leis gu gruaman
An suairceas a dhol mu lar,
Gu bheil leannan 'bu ghaol leis
Air caochladh 's air faotuinn bais.

Bha uair ann 's bu chliuiteach
'S an duthaich so anns gach ait,
Macnas gun droch dhurachd,
An sugradh 's an fheala-dha,
A mheadhail is a mhuirn
O'm bu shunndach an duine slan;
'N diugh tha gach aon 'bheir uidh dhaibh
Air a chunntas mar dhuine bath.

An Aros laghach shuas ud,
Bha uair a chunnaic mi e,
Bhiodh comh-theanal uaislean,
'S cha b' shuarach mo chuid-s' de'n trath.
Bhiodh Sir Ailean 'sa chluain sin
'S a shluagh fhein am fagus da,
'S bhiodh an oidhche 'b'fhuaire
'S a chuantal sinn leinn ro ghearr.

'Nuair 'thigeadh an luchd-sugraidh,
An cuil cha chuireadh iad iad
'S ann 'bhitheadh iad gle mhuirneach
Fagus d' an seomraichean ard.
Bhiodh meas ac' air na h-orain,
'S bu sholasach deth na baird;
Is bhiodh luchd-falbh na h-Eireann
Gle ghleidhte le feil' an lamh.

'Nuair 'dh'fhalbhadh an geamhradh
'S 'thigeadh an samhradh oirnn blath,
Rachamaid thar chuantan
Dh'amharc air ar cairdean graidh.
Ruigeadh iad Sir Seumas
An Sleit o'n 's e 'b' fhaisge air laimh,

'S bheireadh iad greis eibhinn
Air sgeulachdan 's ol mu'n chlar.

B' e a shamhailt ceudna
Aige fhein 'gheibhteadh mar ghnaths,
Comhlain is long ghleusda
Leis an reubt' sruthan is sail.
Bhiodh a bhrathair fhein ann,
Gilleasbuig 'bu gheir' na cach;
S ged thigeadh na ceudan,
S e-fhein fear-cuideachd a b' fhearr.

Cha 'n fhanadh an luchd-sugraidh
An aon aite fad an tamh
Gu 'm b' i 'n imrich uaibhreach e
Ghluasad an uin' cho gearr.
Ruigeadh iad Mac Ruiridh
Nan cuach 's nan cupachan lan,
'S b' i mhala gun ghruaman e,
Fachdaran an deagh ghnaiths.

Nuair 'chruinnicheadh siol Olaghair
Bu stoirmealach meadhail an ghnaiths;
Gheibheadh luchd an fhalbhain
Gu soirbh bhuath gean math is daimh.
Cha 'n fhaicteadh iad air chorra-ghleus
Le doilgheas 's biodag 'nan laimh;
S ann 'bhiodh iad subhach so-ghradhach
Le moran comuinn is graidh.

Gur deacair air an t-saoghal
Luchd-baoiridh a dhol mu lar;
Gach neach le neart a ghaoirdein
Tha saothrachadh arain do ghnath.
Tha da thrian de'n t-saoghaol
A'saoil-sinn gur h-e rud a 's fearr;
Ach Caiptein Chlann Raonaill
Cha d' chaochail gu barail chearr.

Tha iognadh air na ceudan·
Cia 'n reusan mu'n dug e 'ghradh
Do na leannain bheusachs'
Tha deidheil trioblaideach dha.
An naire agus an fheile
Le cheile 's' am pailteas laimh';
Ban-seirbhisich neo-ghleidhteach
An teirm bhi 'togail a mhail.

Chi mi mar cheum trocair
D' Mhac-Dhomhnaill an aignidh aird
Na dilleachdain 's na deoiridh
A chomhnadh 's a dhion le baigh.
Bho 'n tha Sir Iain air fogradh,
Sir Domhnall an Glaschu 'na thamh.
'Sgun oighre Mhic-Leoid
Ach ag ol a bhrochain a spain.

'S dream dhligheil dha fhein iad
Nach feud e leigeadh mu lar,
'S bha iad fo mheas gle mhor
Aig geugaibh gineil a fhreumh'.
Dh 'fhag cach e 'na onrachd
'S na seoid so 'nan dileab dha.
Mar bha Oisean 's na cleirich
'N deigh Fheinn an tir Innis Fail.

The Gilleasbuig referred to was the
Ciaran Mabach. Ailean Muideartach,
Caiptein Chlann-Raonaill, was one of the
most popular chiefs in the highlands. Sir
John Maclean and himself were first cous-
ins. Norman Macleod, chief of the Mac-
leods, Siol Olaghair, died in 1706. His
son and heir, who was also mamed Nor-
man, was born a few months after his
death. This is the oighre Mhic-Leoid re-
ferred to.

SIOL OLAGHAIR.

LE IAIN MAC AILEIN.

'Shil Olaghair gun ainnis,
B' ann d' 'ur cliu 's d' 'ur deagh alla
'Bhi caoinhneil d' ur caraid
'S 'bhi carrant' ri 'r fuathaibh.
Thug na h-uaislean so 'dhealaich rium
Aithn' agus earail dhomh
Mi 'dh' iomchar am beannachd
Gu'r bannal 's gu'r n-uaislibh.
Gu'n robh e orr' aithnicht'
Mheud 'sa fhuair iad de'r carthannachd,
'Reir cleachdadh nan sean daoine
Ceanalt' mu'n cualas.
Ged tha na brait ura
Ro sgiamhach le suilibh
'Se 'm brat air a chludadh
'Bheir dubhlan do'n fhuachd duinn.

Fhuair mise seol ainneamh
Gu giulan am beannachd
A dh'ionnsaidh an leannan,
Ge tamull leo uath iad;
Gu comunn gun aineolas,
Caoimhneasach, carthannach,
Gun fhochaid, gun fhanaid,
Gun charraid, gun tuasaid.
Tha sean-fhacal laghach
'Thuirt na daoine gu seadhach.
Nach facas riamh meadhail
Na deaghaidh gun ghruaman;
Cainnt eile cho fior ris,
Is dh'fhaighrich mi fhin e,
Nach b'e 'n rathad gu cinneachdain
An imric ro uaibhreach.

'N uair 'thainig mi dhachaidh,
'S rinn mi caileigin stada,
B' fhath ionndrainn do m' phearsa
Gach cleachdadh a fhuair mi,
Na bha mi a' seachnadh
De shaibhreas 'ur pailteis
Bha mi 'g ordachadh agam
Gach maduinn 'n am gluasad;
'S mi ri canran gun chaidrimh
Ri ceile mo leapa,
'Cur an ceill gur h-e staid-se
'Thug dhachaidh mi uatha,
'S nam bithinn air fuireach
Leis na fhuair mi de chuireadh
Gu'm bithinn gun mhulad,
Gun uireasbhaidh fhuathach.

Nam biodh feum anns na beannachdan
'S gu 'm fuasg'leadh iad fearann
'S ann chuirinn gu deamhainn
Le dealas gu tuath iad.
Bheirinn aithn' agus earail dhaibh
'Taghal an Talascair
Aig 'n fhear 'chomhnadh mi 'm' ainnis
Gu carthannach, uasal.
'S an ceile tha maille ris
'S beus d'i 'bhi mathasach,
'S feile na mala,
Cha 'n aithne dh'i gruaman.
Gur h-alainn 'na bail' i,
Le surd is le dealas,
'Thoirt feusda gun ainnis
D'luchd ealain is cuairte.

ORAN DO MHAC-LUCAIS.

Air dha maoidheadh air a Bhard gu'n
cumadh e 'suas ceann an amuill ris.

LE IAIN MAC AILEIN.

O marbhphaisg ort, a shaoghail,
'S mairg aon dha bheil thu mar leannan
Is ann dhe d' abhaist daonnan
'Bhi blaomannach, caochlach, carach.
Thug mise mo sheal fhein as
Mar dheideig a bhiodh aig leanabh
Is chunnaic mi le m' shuilibh
Gu 'n deachaidh mi dluth 'am mearachd.

Na'n tuigeadh tu mo nadur,
'Fhir ghraidh cha 'n 'eil thu 'nad airidh:
Is coltach pairt de d' ghiulan
Ri' stiubhart gun suilbheachd ra mhath:
Gu 'n toir thu cuibhrionn dhubailt
Do 'n umbaidh gun iul, gun aithne.
'S air leam gur h-olc an seol sin
'S an duine coir a chumail falamh.

Nach seall thu air Mac-Lucais,
Cha sugair e mar mo bharail;
Cha robh e riamh cho gorach
'S ga'n deanadh e oran no ealaidh.
Ged chumainn-sa le m' bhriathraibh
'Suas sgialachd air Tuath De Danann,
'Nuair theannamaid gu croilean
'S e-san gu mor 'bu mho bonnach.

Gu 'n robh mi latha 'm Blath-bheinn
Mar-ri Iain saibhir na h-Earadh,
An comunn bhinn na clarsaich,
Far am biodh luchd-dan 'ga leanachd.

Gu'n deanainn fhin is Ruairidh dhaibh
Duanagan beag' de rannaibh;
Is gheibheamaid deoch bhrioghmhor
B'fhearr leam na miadachd do bhonnaich.

Is bha mi la na Sroine
Mar-ri luchd eolais is aineoil;
'Sa chuideachd bha na sair sin,
Na Gaidheil dha 'n geilleadh ceannas,
Sir Iain is Sir Domhnall
'S an coirneal deagh Mhac-'Ic-Ailein,
'S fear eile de m' luchd-iarraidh,
Alastair ciar Ghlinne-Garadh.

'Nuair 'chruinnicheamaid gu campa
Le 'r ceannardan meanmnach, meara,
Air theicheadh rachadh bron bhuainn,
'S bhiodh solas a' comhnuidh mar-ruinn,
Gu 'm faighinn fhin le m' rabhart
Mo phairt de na bhiodh 's ant-searraig;
'S cha chumadh tus' an uair sin
A suas rium do cheann de'n amull.

Cha 'n innis mi mo chruadal
Mu 'n gluais iad gun deach mi 'm mearachd;
Och, gur h-e falbh nan uaislean
A's buaine a tha mi 'gearan;
Gu'n robh mi mar-ri daoine
'Dheanadh faochadh dhomh anns a char-
        raid,
'Nuair bha thus', a Neill, a laochain,
A'd' bhuachaille chaorach aig baile.

Blaomannach—inconstant.   Deideag—
a toy.   Sugair—a merry fellow.

The Ruairidh referred to is Roderick
Morrison, an Clarsair Dall.

EACHDRAIDH THUATHA DE DAN-ANN.

According to the legendary history of Ireland, the first people that settled in that country came from Greece. They were under a leader named Partholan. They had three druids among them: Fios, Eolas and Fochmarc, or Intelligence, Knowledge and Enquiry. The Partho-ianian colony was almost wholly destroyed by a pestilence. The second people that settled in Ireland came from Skythia. The name of their leader was Nemidh or Nemidius. They were of the race of Magog, son of Japhet. They suffered terribly from the attacks of sea robbers, called Fomorians. The greater part of them left the country. Simeon Breac and his clan went to Thrace, Beothach and his clan went to Greece, and Britan Maol, and his clan went to the Island of Mona, Anglesey. The third people that settled in Ireland were the Fir-Bolgs. They were descended from Simeon Breac and his followers. They ruled over the country thirty-six years The fourth people that settled in Ireland were the Tuatha De Danann. They were descended from Beothach and his followers. They wandered from Greece to Germany, from

Germany to Scandinavia, from Scandinavia to Scotland and from Scotland to Ireland They were necromancers. They could raise storms, heal the sick, and restore the dead to life. They had four talismanic articles of wondrous powers with them, namely, the Lia-fail, or stone of Destiny, Lugaidh's sword and spear, and the caldron of their king, the Daghda Mor. They conquered the Fir-Bolgs, Fomorians and other inhabitants of Ireland without much difficulty. They ruled over the country about one hundred and ninety-seven years. The fifth and last people that settled in Ireland, previous to the beginning of the christian era, were the Milesians or Gael. They are descended from Gaidheal Glas, or Gathelus. Fenius Farsa, King of Skythia, was an eminent patron of learning. His second son, Niul, was the most accomplished scholar of his day. This Niul, who was married to Scota, a daughter of Pharoah, King of Egypt, was the father of Gaidheal Glas. The descendants of Gaidheal Glas went from Egypt to Crete, and thence to Skythia. They finally settled in Spain. Their most renowned hero was Milidh or Milesius, who ruled over the greater part of Spain. It was under the leadership of the sons of this Milidh that the Gael went to Ireland

The following account of the landing of the Milesians in Ireland, of the manner in which they obtained possession of the country, and of the vengeance taken upon them by the Tuatha De Danann, is by Iain Mac Ailein, the poet:

Thainaic Clanna Milidh as an Spain do dh' Eirinn, rioghachd a bha fo gheasaibh. Air do sgioba naoidh longan diubh teachd gu tir chruinnich sluagh na duthcha, do 'm b' ainm Tuatha De Danann, gu comh-dhail a thabhairt daibh. Thubhairt iad ri Clanna Milidh nach robh annta ach gealtairean agus baoth-oglaichean a thaobh is gu'n danaic iad air tir gun fhios. Fhreagair Clanna Milidh gu'n digeadh iad air tir le fios daibh. Thubhairt Tuath De Danann iad a dhol 'nan loingeas, agus naoidh tonnan a chur eadar iad agus tir, agus na'n digeadh iad air tir an deigh sin gu 'm faigheadh iad leth Eirinn gun tuilleadh cogaidh. An deigh do Chlanna Milidh so a dheanamh thugadh Eirinn as am fradharc le druidheachd Thuatha De Danainn air achd's nach robh iad a' faicinn ach aon ghroban creige ann an dealbh muice, ni a dh' aobharaich gu'n goirear de dh' Eirinn Muc-Innis Bha am measg Clanna Milidh druidh, a bha na dheagh dhuine ealain. Thubhairt e-san riutha nach robh iad ach amaideach do bhrigh is nach robh iad a tabhairt fainear gur h-ann ri luchd-druidheachd a bha 'n gno-thach; gu'm b'i a chreag a bha iad a' faicinn Eirinn agus ge b'e a bhiodh an sin gu'm biodh e an Eirinn. Leig Clanna Milidh an sin uchd nan naoidh longan ris a chreig, mu'n robh stuadhan anabarrach a' bristeadh. Bhathadh seiseir de 'n cinn iuil, air chor is nach deachaidh air tir ach a triuir dhiubh. B'e ainm nan triuir Eireamhon, Eibher Fionn, agus Calpa 'Chlaidheimh. Thagair Clanna Milidh a nis an cumhnant air Tuath De Danann.

Dh'aontaich Tuath De Danann leth Eirinn a thabhairt daibh, ach ceannas na duthcha uile a bhi aca fein. Cha doireadh Clanna Milidh so dhaibh, agus mar sin thoisich an cogadh. Thubhairt an druidh a bha maille ri Clann Milidh gu'm bu ghorach dhaibh a dhol a chogadh ri luchd-druidheachd; gu'm b'i a chomhairle-san dhaibh iad a bhi oidhche 's an aon bhaile ri Tuath De Danann, agus iad a dh'fhao-tuinn mar gheasaibh do fhuasgladh orra gu'n leigeadh iad breith na cuise a dh'ionn-suidh a cheud fhir a thachradh orra an deigh dhaibh falbh le cheile as a bhaile sin. Rinneadh so. Air do Chlanna Milidh agus do Thuath De Danann falbh as a bhaile, 's e a' cheud duine a thachair orra an druidh. Thubhairt Aonghus Mac an-Daogha, righ Thuatha De Danann, ris, "'S mor a tha agadsa r' a dheanamh an diugh, a dheagh fhir ealain." "Ciod a tha agam r'a dheanamh an diugh?" arsa 'n druidh," ach falbh le m' chruit 'dh' fheuch co a 's fearr a bheir duais dhomh airson mo chiuil." "Tha barrachd is sin agad r'a dheanamh" arsa Aonghas; "tha agad ri Eirinn a roinn'na da leth." Na'm biodh sibh air gach taobh toileach, arsa 'n druidh, dheanainn-sa an ni a tha sibh ag iarraidh a dh'aon fhacal. Dh'innis iad dha gu'n robh iad toileach. An sin thu-bhairt an druidh is e so mo bhreitheanas-sa: "Bho 'n a bha 'n leth os cionn talaimh de dh' Eirinn agaibh-se, a Thuath De Danann o chionn greise, agus gur luchd-druidheachd sibh, bidhidh a nis an leth a tha fo'n talamh agaibh, agus an leth os cionn talaimh aig Clanna Milidh; agus dhuitsa, Aonghais Mhic-an-Daogha, bho'n is tu righ Thuatha De Danann, tha mi ag ordachadh a bhrugh a's fearr a tha 'n Eirinn, brugh barragheal na Boinne, agus a thaobh chaich biodh gach neach a' faighine bruighne dha fein." An sin chruinnich Tuath De Danann a dh'fheuchainn ciamar a dhioladh iad iad-fein air Clanna Milidh. Thubhairt Aonghas Mac-an-Daogha gu'n dioladh mar a b' abhaist daibh, le druidheachd agus le eadarmhanadh; gu 'n rachadh iad an riochd dheochannan laidir a bhiodh a cur dith ceille agus call codach air Clanna Milidh anns gach aite 's an tachradh iad riutha; gu 'n gabhadh e-san air fhein a bhi 'n riochd fiona 's an Spain bho 'n is ann as a sin a thanaic Clanna Milidh; agus gu'm biodh Cliodhna nighean Mhanannain, a bhanruinn, laimh ris ann an riochd branndaidh 's an Fhraing. Chaidh comhairle an righ a ghabhail. Thainig triuir mhac Earmuinn Mhoir do dh' Alba. Chuir an ceud fhear e-fein ann riochd uisge beatha Ghlaschu; chuir an darna fear e-fein ann an riochd uisge-beatha Rois Chlann Ghill-Anndrais; agus chuir an treas fear e-fein ann an riochd uisge-beatha Fhioghabhaidh, ris an abrar a nis Tiritheadh.

Tha sliochd Earmhuinn Mhoir an Albainn gus an latha an diugh. Sloinnear na cinn-fheadhna a thanaic bhuaithe mar so:—

Ghin Earmunn Mor Ruaimle, Aodh, agus Fiachraidh. Ghin Ruaimle Glasrach, ghin Glasrach Siream Suain, ghin Siream-Suain Bristeadh Spuaice, ghin Bristeadh-Spuaice Streup-ri-Uaisle, ghin

Streup-ri-Uaisle Milleadh-Bracha, ghin
Milleadh-Bracha Casgairt, agus ghin Cas-
gairt Lag-a-Cheobain. Ghin Aodh Aig-
neadh-Corrach, ghin Aigneadh-Corrach
Sruladh-Sporan, ghin Sruladh - Sporan
Milleadh-Tanach, agus ghin Milleadh-
Tanach Cas air Bhraghad. Ghin Fiach-
raidh Blialum - Blialum, ghin Blialum-
Blialum Seasamh-Miapaidh, ghin Seas-
amh-Miapaidh Lamh-air-Sgeanaibh, ghin
Lamh-air-Sgeanaibh Daor-ri-Cheannach,
agus ghin Daor-ri-Cheannach Garbh-na-
Nollaig.

FOGRADH THUATHA DE DANANN.

LE IAIN MAC AILEIN.

Fogradh Thuatha De Danann
A crich an ceannais, a Fodhla:
'S ann de chruadhas an sgeula
A bhi a Eirinn 'g am fogradh.

Chaidh Aonghas og Mac-an.Daogha,
'Na fhion braonach 'chum taladh,
Gu oighreachd a bhuannachd
An crich uasail na Spaine.

Do chaidh Manannain neartmhor
Do chrich bheairtich na Frainge,
'S rinn deoch bhrioghmhor do Chliodhna
Do'n ainm staoilidh a' bhranndaidh,

Chaidh triuir mhac Earmuinn Mhoir
A criochaibh Fhodhla do dh' Alba,
Gu 'bhi dioghailt a 'm fogradh
Air sliochd Scota nan garbh-chath.

Toiseach suidhe do Ruainle
An cois Chluaidhe aig Glaschu,
Air an dig sliochd ruatharach
Leis am buairear na claignean.

Do chaidh Aodh am measg thuathach
Do Ros shuas Chloinn Ghill'-Anndrais:
Leis an t-sliochd a thig bhuaithe
Fagar uaislean gle mheanmnach.

An deigh sin do chaidh Fiachraidh
Do 'n airde 'n iar a chrich Fhioghabhaidh:
'S tha shliochd aig tobar Bafanaid
'Nan cuis chanrain is iorghuill.'

Na tri fineachan loghmhor s'
'S tearc 's an Eorpa 'tha 'n samhuilt:
Ni iad bog an ti 's cruaidhe
'S ni iad cruaidh am fear sleamhuinn.

Ni iad cas am fear ciallach
'S ni iad fiat am fear narach;
Ni iad neo-shanntach acrach
'S ni iad lag am fear laidir.

Bheir iad cruadal do 'n ghealtair,
'S bheir iad beairteas do 'n daibhear;
Bheir iad fionn-fhuachd gu so-ghradh,
'S bheir iad comhradh 'n fhear shamhach.

Bheir iad gruaim bharr a mhuigein,
'S ni iad sunndach fear tosdach.
'Sin na buadhannan falaich
'Th' air Tuath De Danann mar choltas.

Geas—a charm, a spell. Fo gheasaibh
—under spells. Fodhla—an ancient name
of Ireland. Cluaidh the river Clyde.
Ruatharach—making a sudden or violent
attack. Eadar-mhanadh — enchantment.

CATH ALPHUIRT.

LE IAIN MAC AILEIN.

Sir Colin Campbell, of Ardkinglass, Sheriff-depute of Argyle, sent James Campbell, of Stonefield, Sheriff-substitute, to hold a court of justice at Aros in Mull. The court lasted about six weeks. All the neighboring gentlemen were present.

According to the poet, Sir Colin Campbell, as King and commander-in-chief of the fair Gael, sent James Campbell to Aros, the Alfort of the poem, to fight against the Tuatha De Danann. General eral James had for his principal officers Cormac Saorchridheach or Murdoch og Maclaine, of Lochbuy, An Donn Dochaisg or Donald Maclean, of Coll, Iollain Iomsgaoilteach or Maclean, of Brolas, Eochaidh Amhuiltach or Cameron, of Glendessary, Doidim Dana or Maclean, of Ardgour, Laogh righ Lorc or Macquarrie, of Ulva, an sonn bho Dhun-Annla or Lachlan Maclean, of Calgary, Domhnall Deonach, and Cailein Sochair. He destroyed all the Tuatha De Danann in Mull.

The following notes explain the origin of the battle of Alfort and the fight at Dun Dubh-linn:

"'S e 's mathair-aobhair do chath Al-
phuirt gu 'n danaic Seumas Caimbeul, fear
Achanaclaiche, na fhearionaid Siorraim, a
chumail moid an Aros am Muile. Bha a
h-uile duine eadar ceann Loch-Iall agus
h-Barradhubh h-Aidhnis an Tiritheadh ri
freagairt aig a mhod so. Chumadh e re
shia seachdduinnean, agus rinneadh ol cho
mor aige's a bha ri cuimhne dhaoine ann
sna h-aiteachaibh so."

"An deigh do dh' Fhear Acha na clai-
che Aros fhagail thachair oifigich a ghe-
arasdain air aig Dubhairt agus chum iad e
comhla riutha. Thug e-fein 's iad-fein tri
lathan air an ol. 'S ann ri caisteal Dhub-
hairt a tha 'm bard ag radh Dun Dubh-
linn."

Air mothachadh do righ Fionn-Ghaidh-
heal do 'n chron 's do 'n chall a bha Tuath
De Danann a deanamh air muinntir a rio-
ghachd, chuir e a mach aon de 'ridiribh,
do 'm b' ainm Seanailear Seumas, a dh'
iarraidh air uaislean na h-airde 'n iar eir-
igh leis a chur as do Thuatha De Danann.
Rinn iad aite coinnimh agus comhlachaidh
an Alphort 'san Dreallainn. B'e Borb
righ Bhioghabhaidh, aon de dh'uaislean
na Dreallainn, bu riaghladair anns an aite
sin. Ghabh e Tuath De Danann air iochd
agus air ineach gu gleidheadh agus tear-
mad a dheanamh orra. Air do na h-uais-
lean cruinneachadh, thubhairt Seanail
ear Seumas riutha gu 'm feumadh iad a
thabhairt fainear gur h-ann ri luchd-
druidheachd a bha 'n gnothach, agus gun
leigeadh leotha am mealladh. Dh'aithn
e dhaibh gearasdan a thogail eadar iadsan
agus iadfein. Thubhairt e cuideachd nach

b' aithne dha co d'an digeadh e a dhol a
chumail faire air a cheud oidhche. Fhrea-
gar na h-uaislean a bha fotha e ag radh
bho nach robh ard-righ na Dreallainn aig
baile gur h-e Cormac Saor-chridheach na
Maighe fear-ionaid a b'fhaisge dha, agus
gu 'n deanadh e deagh fhear-faire. Thu-
gadh an sin aithne dha faire a chumail air
an oidhche sin. Thubhairt Seanailear
Seumas, tha iad ag radh gu bheil iad san
ris a bheil ar gnothach 'nan luchd-cuid
eachd math; ciod bu mhisde sinn caiptein
agus bratach de shliochd Lag-a-Cheobain
'thaotuinn uaille-ruinn? Cho-aontaich na
h-uaislean uile leis. Chuireadh gu grad
iarrtas gu riaghladair Alphuirt e a chur
caiptein agus brataich de shliochd Lag-a-
Cheobain g'an ionnsaidh. Gheall iad dha
gu'm paigheadh iad 's a mhaduinn eiric
gach aoin nach rachadh dachaidh dhiubh.
Thanaic na chuir iad a dh' iarraidh de
Thuath De Danann, 's thug iad lan thoil-
eachadh inntinn do na h-uaislean le feab-
has am fearas-chuideachd· 'N uair a chun-
naic Seanailear Seumas so thubhairt e,
cha mhath dhuinn Cormac Saorchridheach
a bhi bhuainn. Chuir e fios air agus dh'
fhaighneachd e dheth an robh aon aige na
bhrataich ris an earbadh e an fhaire fhad
's a bhiodh e-fein a' gabhail greis de chui-
deachd Thuatha De Danann? Fhreagair
e-san gu'n robh aon aige nach d' rinn
mealladh riamh air, a Thoil Fein. Dh'-
fhlag e an toil ri faire, agus chaidh e-fein a
ghabhail aighear Thuatha De Danann.
Cha robh aon de dh'uaislibh na h-airde 'n
iar nach robh bratach de dhilsean fein
aige 'ga dhion 's 'ga theasruiginn bho

Thuath De Danann: gidheadh fhuair Tuath
De Danann a staigh orra. 'N uair a dh'iar-
radh iad ciall 's e 'gheibheadh iad michiall,
'n uair a dh'iarradh iad cuimhne 's e 'ghei-
bheadh iad dio-chuimhne, 'n uair a dh'
iarradh iad briathran glice 's e 'gheibheadh
iad briathran amaideach, agus 'n uair a
dh'iarradh iad neart 's e 'gheibheadh iad
laigse. Mar so dh'aithnich iad nach h-i
am muinntir fein a bha aca. Fhuair
Tuath De Danann an gearasdan fopa fhein
an oidhche sin. Moch 'sa mhaduinn
thanaic fear de a bhrataich, d'am b'ainm
Cuimhne, gu Cormac Saorchridheach, agus
thubhairt e ris gu'n do ghlacadh an gear-
asdan an raoir le droch fhurachras agus
gu'n robh e gu beul an latha gu buileach
fo chumhachd an nainhdean. Ach, ars'
e-san, tha Tuath De Danann an drast air
tuiteam gu neo-ni; tha iad 'gan nigheadh
fein le 'n eadar-mhanadh ann am pig-
eachan creadha; agus ma bhitheas sinn
tapaidh faodaidh sinn an tilgeadh a mach
thar baidealan a bhaile. Rinneadh so
mar leasachadh air na thachair. 'N uair
a dh'iunnseadh gach ni do Sheanailear Seu-
mas thug e maitheanas do Chormac Saor-
chridheach 'na fhailinn airson a thapachd
mu dheireadh.

Mhol Seanailear Seumas an fhearaschu-
ideachd a rinn Tuath De Danann dhaibh
air an oidhche a chaidh seachad. Thu-
bhairt e gu 'n robh dream eile dhiubh,
sliochd Chois'-air-Bhraghad a b'fhearr gu
mor gu fearas-chuideachd na Sliochd Lag-
a-Cheobain. Cho-aontaich na h-uaislean
gu'n cuirteadh fios air Caiptein agus bra-
taich dhiubh. 'S ann air an Donn Doch-

aisg, righ nan Colach, a thanaic an dor-
saireachd air an oidhche so. Chuir e-san
'na aite fein ris an dorsaireachd a Mhian-
nan, agus chaid e-fein a ghabhail aighear
Thuatha De Danann. Ged a bha sliochd
Lag-a-Cheobain math, cha robh cleasachd
cheart ann gus a nis. Chuir sliochd
Chois'-air-Bhraghad cuid a ghal, cuid a
ghaireachdainn, cuid a leum, 's cuid a
chadal le 'n druidheachd 's le 'n eadar-
mhanadh. Co a thanaic a dh' ionnsaidh
an doruis, mu mheadhon oidhche, ach
Tuath De Danann. Leis an eolas a bha
aca fein agus Miannan an Donn Dochaisg
air a cheile tuitear ann an cudthrom gaoil
air gach taobh. Fhuair tuilleadh de
'Thuath De Danann a staigh na fhuair a
staigh a cheud oidhche. Dh'fhaithrich an
Seanailear agus na h-uaislean am brataich-
ean fhein 'g an tabhairt bhuapa, agus
Tuath De Danann a' teachd nan aite. 'N
uair a bha an Seanailear a'dol a thabhairt
achmhasain do 'n Donn Dochaisg thubh-
airt an Donn Dochaisg ris gu 'n robh eolas
aig Tuath De Danann air a mhiannaibh-
san, agus gu'n robh gealladh aca orra
nach biodh iad mu am fogradh bho aite 's
am bith anns am bitheadh iad. 'Nuair a
chual an Seanailear so thug e maitheanas
da.

Air an treas oidhche thug Seanailear
Seumas taing do na-h-uaislean airson mar
bha iad a'cur as do Thuath De Danann;
ach, ars' e-san, tha dream ro bhorb ann
diubh fhathast Garbh-na-Nollaig. Chuir-
eadh fios air caiptein agus air brataich
dhiubh. Thanaic iad gun dail, agus rinn
iad a chleasachd a b' aigeannaiche a chua-

las riamh. Thubhairt an Seanailear gu
'm bu choir an geard a dhublachadh.
Chaidh Doidim Dan, righ na Foraise Bige,
agus Eochaidh Amhuilteach o'n Iospairn
a chumail faire an oidhche sin. Chuir
Doidim Dan Misneach 'na aite fein, agus
Eochaidh Gliocas, agus bha an dorsair-
eachd a dol leotha gu math. 'N uair a
chunnaic Cormac Saorchridheach agus an
Donn Dochaisg mar a bha iad a' faighinn
air aghaidh thubhairt iad gu 'm bu mhas-
ladh dhaibh-san an dorsaireachd a dhol
leotha so 's gun i'dhol leotha fein, agus
thigear agus cuireir ceangal nan tri chaol
air na dorsairibh 's leigeir a staigh sliochd
Gharbh-na-Nollaig mar a thogradh iad
tighinn. Ann an uine ghoirid chuireadh
an seanailear agus na h-uaislean gu h-iom-
lan air ruaig do 'n t-Suain. 'N uair a
fhuaradh air ais o'n t-Suain iad thanaic
Borb righ Bhioghabhaidh a thagairt eiric
Thuatha De Danann bho nach robh a h-
aon a lathair diubh. Fhuair e sin. Chuir
Seanailear Seumas air fhacal e nach robh
a h-aon diubh am falach aige. Thubhairt
e nach robh innse-sgeoil no tuairisgeul ri
'fhaotuinn orra anns a bhaile. Ghabh
Seanailear Seumas a nis cead de dh' uais-
libh na h-airde 'n iar, agus ghluais e gu
dhol dachaidh. Air a thuras da thachair
riaghladair Dhun Dubh-linn ris, agus dh'-
innis e dha gu'n robh bratach no dha de
shliochd Thuatha De Danann a staigh
aige-san, agus mur cuirteadh as daibh
gu'm faodadh iad siolachadh 's an riogh-
achd. Chaidh e staigh gun chuideachadh
ach a gheard, agus b'e sin latha cho teth

's a fhuair e re a thurais, ach bhuadh-
aich e.

'N uair a chaidh Seanailear Seumas
dachaidh thug e lan chunntas mu 'thuras
agus mu 'shoirbheachadh do Shir Cailein,
an t-ard Sheinailear. Gheibhear an cunn-
tas sin anns na rannan a leanas:

SEUMAS.

Failt ort, a Shir Cailein reachd-mhor,
Saoidh na feile;
Fear ionadais righ nan Gaidheal,
Triath dha'n geilleam.

SIR CAILEIN.

An t-aon ceudna dhuit sa, Sheumais,
An deigh do chomhraig;
Feuch gu'n robh do thuras buadhach
An tir na Dreallainn.

SEUMAS.

Buadhach mo thuras ri aithris,
Ghlaodh mi siochaint
Eadar ard Thuath De Danann
'S Clanna Milidh.

SIR CAILEIN.

Gach lamh 'bu chruaidhe 's an iorghuill,
Dean dhomh aithris,
Chum 's nach bi an duais a's miosa
Aig an t-sluagh bu bhraise.

SEUMAS.

Mar fhuaim chruit fo aon ghuth teud
Le ceol labhar,
Sin mar bhiodh an stoirm le cheil'
Gu borb 'cur catha.

SIR CAILEIN.

Air gradh d'einich ionis, a Sheumais.
Air snas firinn',
Cia gach neach 'bu chruaidhe lamh
An ar nam miltean.

SEUMAS.

Cormac Saorchridheach na Maighe,
Le sar dhichioll,
Mharbhadh leis-san de shhochd Ruaimle
Tuairmeas mile.

An Donn Dochaisg anns an iorghuill
Bu gharbh doineann;
Chuir e as do dh'fhine Fhiachraidh,
'S fiach e 'mholadh.

Iollain Iomsgaoilteach sin eile;
Mac righ Dreallainn,
Mharbh e ceud gach la catha,
'S e-fein an comhlan.

Eochaidh amhuilteach o'n Iospairn,
'S Doidim dana,
Chuir iad as do fhine lionmhor
Chois' air-Bhraghad.

Laogh righ Lorc, righ nan abheaid
Fhuair e tair ann;
Mharbhadh leis bratach no dha
Air Milleadh Tanach.

An sonn solta bho Dhun Annla
Le 'lainn ullainh,
'S tric a thug e 'Thuath De Danann
Cath no cumasg.

Mac-Aisgibhir, Domhnall Deonach,
Connspunn eile,

Gheibhteadh 's gach cearn de'n chruaidh
    chomhrag
Stoirm a laimne.

Cailein Socair a Port Onaghail,
'B ann de'chleachdadh
'Bhi 'na namhaid do shliochd Ruainle
Ri uair aiseig.

Cha robh dhomhsa an Cath Alphuirt
Cas no cunnart
Seach an deannal a thug cach dhomh
Air lar Dun Dubhlinn.

'S deagh sheirbheisich Tuath De Danann,
Ealamh cuirteil,
Ach mar mhaighstirean tha iad suarach,
Buailteach, bruiteach.

Ma thogas iad, a Chailein reachdmhoir.
Ceanfan deigh so,
So mo lamh gu'm faigh sinn seol
Gu'm fogradh 'dh'Eirinn.

   Ineach--hospitality, generosity. Eadar-
mhanadh—enchantment, sorcery. Na tri
caoil—the neck, the wrists and the ankles.
Eineach a good name, bounty, genero-
sity. Comhlan—a hero Abheaid—a jest.

CROSANACHD FHIR NAN DRIM-
NEAN.

LE IAIN MAC AILEIN.

Tha bith ur an tir na Dreallainn,
'S coir dhuinn aisneis:

Tha moran deth 'tigh 'nn am bitheant'.
Ri gnaths Shasuinn.
Ni bheil duin' uasal no iosal,
No fear fearainn,
Leis nach b'aill, gu moran buinig,
Ceird a bharrachd.
Tha ceird ur aig Fear nan Drimnean
'Th' air leinn cronail;
B'aill leis fein a dhol an aite
Mhaighstir-sgoile;
An t-oide sin fein a rinn fhoghlum
Le gloir Laidinn,
Ghlacadh leis, gun chead a chairdean.
'Cheird a bh'aige.

'Se 'n t-aobhar a thug do dhaoine aire a
thoirt do shannt an sgoileir so, an uair a
mhiannaich e a cheird a bha aig oide-fogh-
luim, nach laimhsicheadh e i mar laimh-
sicheadh an t-oide-foghluim i; oir, an uair
a ghabhadh an t-oide-foghluim air a dhal-
tachan 's ann a ghabhadh e air na lean-
abanan, ach 's ann a ghabhadh an sgoileir
sanntach so air na daoine arsaidh; agus an
uair a ghabhadh an t-oide-foghluim air a
dhaltachan 's ann a ghabhadh e air na
ciontaich, ach 's ann a ghabhadh an sgoi-
leir sanntach so air na neo-chiontaich. Is
ann uaithe sin a dubhradh,—"Saoilidh
am fear a bhios 'na thamh gur h-e e-fhein
a's fhearr lamh air an stiuir;" ach cha mho
gur h-e.

Cha'n ionnsaich e clann no leanabain,
Mar bu choir dha,
Gus am bi iad 'nan daoin' arsaidh
Fo 'n lan fheosaig.
Cha dugadh an Cill-ma-cheallaig
Breith 'bu chlaoine
Na 'n ni 'rinn an ceann a b' airde
'M mas 'ga dhioladh.
Gabhail le crios an aois arsaidh
Air mas sean-duin',
'S fada mu'n ionnsaich an gniomh sin
Ciall do theanga.
Ge b'e labhras ris an fhear ud
Coir no eucoir,
Gabhar air a ghiort le stracaibh
De chrios leiridh.

Agus b'fhior do'n duine sin. Cha d' fhuaradh riamh rud, a dh'ionnsachadh teanga droch mhuinte, 'bu mheasa na gabhail air na masaibh ann an aobhar na teanga agus an teanga bhi tuigsinn gur h-ann na h-aobhar-se e fhuair am mas am mor ghleusadh sin. Mur deanadh sin a ciall na bu mheasa cha deanadh e idir na b'fhearr e. Uaithe sin a dubhradh,— "Am fear nach ionnsaich lamh-ri glun cha 'n ionnsaich lamh-ri uilean."

Crosanachd—a poem in which two or more persons are represented as speaking. Bith—custom, habit. Aisneis, aithris—to relate, to make known. Arsaidh—old. Giort — buttocks. Leireadh — inflicting pain.

This poem is published in "The Highland Bards" by the Stewarts, where it is correctly ascribed to Iain Mac Ailein. We have given only the first half of it. The rest of it will be found in Sar-Obair nam Bard.

———

Bha Tearlach Mac-Gillean, Fear nan Drimnean greis air luing-chogaidh ann an laithibh oige. Bha e 'na dhuine crosda. Chuir e am maighstir-sgoile a bha aige na theaghlach uair a dh'iarraidh paidhir bhrog air a ghreusaiche. Thuirt an greusaiche ris nach deach a phaigheadh airson nam brogan mu dheireadh a rinn e dha. Dh'innis am maighstir-sgoile so dha. Thug e am maighstir-sgoile leis, agus dh'fhalbh e far an robh an greusaiche. Mhionnaich is bhoidich an greusaiche nach dubhairt e riamh an ni a bha am maighstir-sgoile a' cur air. Chreid fear nan Drimnean e. Rug e air a mhaighstir-sgoile, thog e am feileadh-beag aige, agus ghabh e air le crios a ghreusaiche. Bha an "ciontach sabhailte, ach an neo-chiontach bu chraiteach e." Bhuail fear nan Drimnean uair eile dorn air Mac-Leoid air sraid Dhuneideann.

Ged a bha Tearlach nan Drimnean cho crosda agus a bha e, bha e 'na dhuine measail. Thuit e ann am blar Chuil-Fhodair a' cogadh air taobh Thearlaich. Anns an leabhar thaitneach sin, Eachdraidh a' Phrionn-sa le Iain Mac-Coinnich, tha an t-iomradh a leanas againn air a bhas:—
"'Nuair a bha fear nan Drimnean air ti

teicheadh le 'bheatha as an araich chunn-
aic e dithist dhe a chuid mac air an leon
agus chaidh innseadh dha gu'n robh an
treas fear 'na laighe marbh air a bhlar.
"Cha bhi sin gu'n dioladh," ars' e-san.
agus ged a bha an t-uasal so cho aosda is
nach robh roine fuilt air a cheann, ruith e
air ais thun na h-araich, mharbh e aon
trupair agus leon e fear eile, ach ann an
tiotadh an deigh sin thuit e fein gun eirigh
tuilleadh le lainn thri trupairean sathte
'na chorp." S i nighean do Thearlach
nan Drimnean 'bu mhathair do dh'Ailein
an Earrachd.

CLEIRSINNEACHD FHIR NAN DRIM-
NEAN.

LE IAIN MAC AILEIN.

Beir fios bhuam 'dh' ionnsaidh Thearlaich
Gu tom taimh na da pheighinn deuga,
Gu bheil mis' air mo narachadh
Mar bhios e 'ghnath ri leumraich.
Gu'n iomaireadh fear aosmhoireachd
Tigh'nn a nis gu caochladh ceille;
'S gun bhi' leanntuinn air na gnathaichean
'Rinn brathair do Mhac-Leig dheth.

'S iomadh ceird air 'n do thoisich e
Bho 'n la a b' oigear gleusd e;
Re treis' bu mhaighstir-sgoile e,
'S cha robh onair dha 's a cheum sin.
Bhiodh an ciontach sabhailte
Cha bheanadh cas no beud dha;
Ach an neochiontach bu chraiteach e
Le stracaibh de chrios leiridh.

Cuid eile de'chuid ghniomharan
Cha deid mi fhin a dh'eigheach,
Mu'n gabh e fearg no miothlachd rium
'S mi titheach air bhi reidh ris,
Gur sgeul nach d' fhan os 'n iosal air,
Gu 'n cuala mile ceud e,
'S gu'n d' theap e dhol 's na gasaidibh,
A gniomh air sraid Dhuneideann.

Chluinn mi 'nis gu'n d'thionnsgainn e,
Gun churam air mu dheibhinn,
Air lamh a chur le danadas
Am pairt de chuid na cleire.
Gu 'n d' thog e a leoir dioghaltais
An umhladh Mhic-a-Chleirich,
'S gun bhi de chomhdach cuise ann
Ach gu'n d bhean a ghlun d'a h-eudach.

C'arson nach robh thu rumail
Gu ceartas cuirte eubhach,
Is foirbhich ghlice shuil-bheachdach ann
Gus a chuis a reiteach'.
Thuirt *parson* na Leith Iochdaraich
'Mo mhile beannachd fein air
A chionn gu'n robh e dioghaltach
Mu'n ghniomh a bha 's an eucoir.

Ma tha 'n sgeul so 'dh' innseadh air
 Na fhirinn is nach breug e,
Ge b'e 'bhios ann am miorun ris,
Cha bhi mi-fhin 'an deigh air;
Bheirinn pairt de m' stiopuinn bhuam,
Ge priseil mi mu dheibhinn,
'Chionn coslas fear a ghniomharan
'Bhi agam fhin 'na chleireach."

Umhladh or ubhla—a fine, a penalty.
Foirbheach or foirfeach—an elder.

TURRAGAN FHIR NAN DRIMNEAN.

LE IAIN MAC AILEIN.

Tha mi 'g innseadh do gach duine
An turas a thug mi o'n bhaile,
Dh' fhaotuinn aisig air Chaol Muile
Thoirt freagairt a chuiridh do'n Bharan.
Thuirt oglach a thachair shios rium
Cha 'n 'eil thu crionnta 's tu d' sheanduin';
'S docha dhuit amas ri turraig
No buidhinn thoirt as a charaibh.

Thuirt mi ris gu 'n robh e miomhail,
'S nach robh bonn firinn' na bharail;
Gur mi fhin a b'eolaich'mu'nadur
Eadar bhi arsaidh 's 'na leanabh;
Gu'n dugainn-sa dheth le 'shliogadh
Pairt de gach aon ni 'bu mhath leam;
Gu'm faireadh e-san ri 'sgriobadh
A cheart cho miomhail ri gearran.

So fein an t-aite 'n robh'shinnsreadh
A'falbh fo gniomharan allail;
Bhiodh iad caoimhneasach ri'n cairdibh
Ach dh'fhaireadh an naimhdean iad fearail.
Nam biodh e-san air an reir-san
Dheanadh e 'n ceumanan a leanachd;
'S b' fhearr leis na tamailt fhulang
Dol an cunnart 'na luath-dheannaibh.

Cha 'n 'eil iad buidheach de 'ghiulan,
Aon duil tha de shliochd a sheanar,
Nach biodh e faighidneach reimeil,
A reir 's mar a bha na sean daoin'.
Ach thanaic iomadh rud 'na luib-san
A bha 'g a dhusgadh gu carraid;
Mur faireadh iad air bhi 'na dhuine,
Mo mhionnaibh-sa chailleadh e 'fhearann.

Tha e 'nis a tabhairt bairlinn,
Eadar Ghaidhealaibh is Ghallaibh,
Iad a sgur de bhi 'ga sgriobadh
'S gur siochaint an ni 'bu mhath leis.
Mu'm faigheadh iad leud na h-ara
De'n fhearann a dh'fhag a sheanair,
Bu ni cho cinnteach 'sam bas dhaibh
Gu'm biodh a charnan-sa mar-ris.

Turrag—an accident, a mishap. Ar-
saidh—old. Allail—illustrious. Reimeil—
even-tempered, persevering, authorita-
tive. Bairlinn—warning, summons of re-
moval, an enormous wave. Of course the
first of these meanings is that of the word
in the poem. Ar or ara—a kidney. Carn
—a pile of stones raised over a man's
grave.

RANN.

LE IAIN MAC AILEIN.

Bha tri leumannan Mhic-Leug
Ann am shuilibh fhein fior olc,
Ach dh'iomair fear na da pheighinn deug
Air an doigh cheudna a phrop
Chuir e a chairdean an cruaidh chas
Ga shabhaladh fhein o spot,
Bhuail e *boosa* air Mac-Leoid,
S ruisg *e* mas an duine bhochd.

RANN.

LE IAIN MAC AILEIN.

Bha tri leumannan Mhic-Leig
Ann am shuilibh fhein fior olc,
Ach dh'iomair fear na da pheighinn deug
Air an doigh cheudna a phrop
Chuir e a chairdean an cruaidh chas
Ga shabhaladh fhein o spot;
Bhuail e *bocsa* air Mac-Leoid,
S ruisg e mas an duine bhochd.

AN SALACHADH-FUINN.

LE IAIN MAC AILEIN.

Chuireadh ni air chor eigin a chaidh a
ghoid air fonn no talamh Mhic-Cuaire, an
dochas gu'n rachadh a choire a chur airsan.

'S beag m' fhaoilt an diu 'tighinn
Do'n chuid so de 'n tir;
Cha taoghail mi 'n Aros
Far 'm bu mhuirneanach mi;
Cha chluinn 'mi 's cha 'n fhaic mi
Na thaitneadh ri m' chridh';
Mur falbh thu gu tearaint'
Bidh searsadh a'd' ni.

Ma 's e so an ceart milis
'Thug an siorra do'n tir,
Cha mhor gura fearr e
Na'n gnaths 'bh' againn fhin.
Ma thogas e paigheadh
'S na dh'aireamh e 'sios,

Gur h-iomadh fear toice
Air bhochdainn a bhios.

Tha lagh Chill-ma-Cheallaig
'Ga leanailt gu nuadh.
'N uair chroch iad an gearran
Gu h-amaideach truagh,
'S Mac Cuaire 'bha 'n Ulbha.
Gun chuilbheirt, gun ghuad,
'Dol 'dh' fhulang a chreachadh
Le neartmhorachd sluaigh;

Is siochaint 'ga nasgadh
'N fhear bhracairneach ruadh
'Bha shios an Aird-Tuna
Lan chuireid is chuag.
'Sa's tric a rinn innleachd
'Cur liontan mu'n cuairt,
'N uair 'mhathadh an ni dha,
Bu bhinn sin bha cruaidh.

Faoilt—delight, cheerfulness.   Toic
wealth, riches.   Bracairneach—dusky.
Cuireid—trick, wile.

DO DH'ANNDRA MAC AN EASBUIG.

LE IAIN MAC AILEIN.

Thoir an t-soraidh so bhuamsa
Gu h-uaigneach do 'n lagan ud shios;
Gu fear ionaid Mhic-Cuaire
Ris na shuathadh am breanus tha 's tir;
Gun am bardan beag, beadaidh,
A bhi tilgeadh a cheapaig an nios;
'S nach bu choir dha 'bhi 'tathaich
Air an fheill air nach faigheadh e sion.

Cha b'i comhairle 'cheartais
A chinn agaibh 's an lagan so shios;
Nuair bha sionnach na foille ann
Dh'fhag e coir an fhir eile 's an lion;
Dh'fhag e d'aghaidh ri comhrag
'S gun do chlaidheamh air doigh gu do
     dhion;
'S dh'fhag e sud air bun d' fheamain
Mar nos mhadadh-alluidh mu'n im.

Mise tha fiosrach mar dh'fhas thu;
Bha mi treis air do chairdibh an run;
Cha b'i Sine do mhathair,
'S cha mhac Easbuig no sar-dhuine thu;
Cheil a bhan-altrum dhan orr'
An leanabh 'bha ailleachd 'na ghnuis;
'S thilg i thusa 'na aite
'S cha chomhnard a dh'fhag i do shuil.

          ———

Soraidh —compliments, a blessing, also
a farewell. Ceapag—a verse or verses
composed impromptu.

          ———

GEARAN AIR FEAR-TEAGAISG.

          ———

LE IAIN MAC AILEIN.

          ———

Gabhaidh mi sgeula de 'm shagairt
Ged nach geill e dh'aidmheil a' Phapa,
'Bheil moran cron' ann do dh'anam
An fhir fhalainh dol air faighe;
Is cionnas is coir do'n fhear bheairteach
A chleachdadh ri staid an fhir dhaibhir,
A bheil e laghail d'a bhi 'na mhuigean
Is dorn duinte 'dheanamh ri 'bhrathair.

'S ann a dh' fhairich mi 'm fear-teagaisg
'Na fhear-leatruim' orm 'sgach aite:
'S cian bho 'n thoisich e ri m' thagar
Mu'n chulaidh aisig a thug cach dhomh,
'S eigin dhomh 'n dochair so innseadh
Do sheanadh fior-ghlic Earaghaidheal.
Gu'n dug mo mhinisteir sgireachd
Dhiom mo chisean le laimh laidir.

Cha bhuin e do mhinisteir pupait,
Mara glutair air bheag naire e,
'Bhi 'g iarraidh gu biadhannan sultmhor,
Mar tha mucan is buntata,
Feumaidh luchd-teagaisg 'bhi faicleach,
'S iomadh neach dhaibh 'na fhior-namhaid;
Cha'n 'eil annt' ach daoine feolmhor,
Ged tha foghlum 's eolas ard ac'.

Faighe—an asking of aid in corn, wool,
and sometimes cattle.   Pupait—pulpit.
Glutair—a glutton.

RANN.

LE IAIN MAC AILEIN.

Tha gach cnocan orm na chnith,
'S tha gach uchdan orm na mham;
Tha fuifean air mo cheann-tiar
Le olcas diollaid an eich bhain.
Fhuair mi ron an so mar bhiadh
Is leighis e mo chliabh gu h-ard;
'S gu de 'm fios nach deanadh am bian
An ni ciadna ri mo mhas.

Fuifean, or fuithein—a galling, a blister.

BEANNACHADH TAIGHE.

LE IAIN MAC AILEIN.

Failt air taigh mor nan seachd uinneag
'Rinneadh le ogha Thearlaich Mhic-Ailein;
Mor-thaigh a's fearr air a chumadh
Eadar uinneag, stuadh, is bhalla;
Far am faigh luchd falbhain cuireadh
Fial gun chrine, gun ainnis.
Gheibh iad ol le ceol 's le furan
Mar bu dual dha o bheus ath'reil.

Chum a cheaird ris na chuir e
'Dhol am buidhinn le gradh caraid;
Cha chuir e dorn dhiot air uilinn
Thu thoirt dhuinne rud beag dramu;
Ach ma thionndas tu rium uile
Is do lamh rium cruaidh an ceangal
Cha deid mi na's fhaid' air m' aghaidh;
'S ro-mhath m' urrainn nighean Chailein.

Cha chuir mi a mathair an duileachd,
B'fheairrd' i-fein a beus a leanailt;
Cha dug i dram riamh do dhuine
Gun a thuladh a bhi mar ris.
Sid mara dh' iarras mi cuireadh
'Nuair a bhios mo phoca falamh;
Gach aon ni dh' fheumas mo mhuineal
'Bhi 'ga bhuidhinn leis an teanga.

RANN.

Air do 'n Bhard cuach de cheud leann
na bliadhna 'fhaotuinn.

LE IAIN MAC AILEIN.

Is coir dhuinn failte 'chur air an leann,

Meamna cridhe 'n fear a th'ann:
Gu'n cuirinn gu h-innealt an suim
Gur h-e 's ceann-cinnidh do 'n dram.
An t-oganach so' thainig do 'n tir
Tha corr is bliadhna bhuainn air chall:
'S math leam d'fhaicinn, an crann-coill'
'S do scop geal maiseach mu d' cheann.

RANN.

Air do 'n Bhard gloinne de dh' uisge
beatha 'fhaotainn agus siucar ann.

LE IAIN MAC AILEIN.

Nach innis sibh dhomhsa 'chairdean
Ciamar a ni mi so ceart.
Tha'n gloinne so luchdmhor lionte
Ach 's ann 's a chuid a 's isle tha 'm blas.
Ma dh'olas mi 'chuid a's airde
'S aobhar naire sin air achd;
'S mar faigh mi a chuid a's isle
Cha'n fhaod mi mo mhiann a chasg.

IMRICH FEAR THERISINNIS.

LE IAIN MAC AILEIN.

Failte do bhur n-imrich Luain,
Eadar fhearaibh, chuain, is chlann:
Slainte dhaoine 's rath air buar
Thugaibh sin mar bhuaidh an nall.
Thig so gu'r buidhinn ri uair,
Cha 'n imrich uaibhreach a th'ann;
Ach fearann 'ur sinnsre 'thoirt bhuaibh;
Le miorun, 's cha chruadal lann.

'S oil leam sgapadh 'dhol 's a bhuain
Do nach bu dual 'bhi meata mall;
Cuid de'n airde deas daibh bhuainn,
'S cuid de 'n airde tuath an nall.
Ma's cead leat, a Bhreithimh an t-sluaigh,
A chuidhticheas gach guais 'na am
Cum slat ar smachdachaidh 'd' laimh fein,
'S na fag sinn am meinn muinntir feall.

Cuain —a litter. Buar -cattle. Oil --
vexation. grief. pain.

The Macleans of Treisinnis.

Ewen, second Maclean of Ardgour, had
three sons: Allan, his heir and successor,
John, the first Maclean of Treisinnis, and
Hector, the first Maclean of Blaich and
Achnadale in Lochaber. John, of Treisin-
nis, was succeeded by his only son, Don-
ald, who died without issue. Hector of
Blaich had three sons: Donald, known
as Domhnall Dubh a' Chaisteil, Ewen, and
Hector. Ewen was the first Maclean of
Cornaig in Tiree. Hector, Eachann Od-
har, was the progenitor of those Mac-
leans in Mull and Tiree who were known
as Sliochd Eachainn Uidhir. Domhnall
Dubh a' Chaisteil, who was Captain of
the Castle of Kernburg, succeeded his
cousin Donald in Treisinnis. He was a
bold and rough sort of man. He was

thoroughly faithful to his chief. He had six sons: Hector, Eoghan Caibhreach, John, Lachainn Fionn, Lachlan, and Donald. Hector succeeded his father in Treisinnis. Eoghan Caibhreach succeeded his grandfather in Blaich. John settled in Achnadale. He was chamberlain of the estate of Garbhdhabhaich in Lochaber, which at that time belonged to Maclean of Duart. Lachainn Fionn was the first Maclean of Heighnis in Tiree. He was a bold and resolute man. He was very wealthy. He had nine sons. John Maclean, Am Bard Mac-Gilleain, was one of his descendants. Hector, fourth Maclean of Treisinnis, was succeeded by his son, Ewen; Ewen, by his son John; and John, by his son, Ewen. Ewen the seventh Maclean of Treisinnis, was a distinguished warrior under Montrose. He was killed in the battle of Inverkeithing, in 1651 He was succeeded by his son, Hector. Hector died in 1793, and was succeeded by his only son, Ewen. Ewen had four sons, Hector, John, John, and Allan. Hector was minister of the Island of Coll, and was one of those who received a visit from Dr. Johnson. The first John succeeded his father in Treisinnis. The second John was minister of Kilninian in Mull. He was an excellent poet. John, the tenth and last Maclean of Treisinnis, was dispossessed of his property by the Duke of Argyll, in 1738. Imrich Fear Threisinnis must have been composed at that time. John died in 1756.

ORAN.

Do dh-Ailean Mac-Gilleain, Mac Fear Bhrolais.

LE MAIREARAD NIGH'N LACHAINN.

Chunnaic mise thu, Ailein,
Is tu amaideach, gorach.
Mu 'n do ghlac thu 'n gniomh fearail,
Is mu 'n d'rinneadh dhiot coirneal;
Marcach ur nan steud brasa,
Tha 'n diu 'n tasgaidh 'sna bordaibh;
Och is mis' th'air mo sgaradh
'Caoineadh Ailein 's nach beo e!

Fear t' aogais cha 'n fhaic mi
Ann am faicheachd no 'm foghlum;
Bu mhath cunnadh do shleisde,
Is do bheil is do shroine.
Gu 'm bu cheannard air feachd thu
'Thoirt dhaibh smachd agus ordaigh;
'Fhir nach leughadh a' ghealtachd,
'S tu nach seachnadh an comhrag.

'Ogha brathair Shir Lachainn,
'S e mo chreach nach do phos thu:
Sin a dh' fhag sin cho galach,
'Dheagh mhic Lachainn mhic Dhomhnaill;
Mhic an fhir a fhuair urram,
'S nach cuireadh duin' air an fhogradh —
B' e sin Lachainn na ceille,
Mar bha 'n treun-fhear bha comhl' ris.

Air an dol do Dhuneideann
Thug iad reite leo dhachaidh;
Ghlac Diuc Seumas air lainh iad,
'S dh'iarr a bhan-diuc a steach iad.
Cha robh Gall 's cha robh Gaidheal

'N seombar claraidh no 'n caisteal,
Nach do sheas air a' chabhsair
Aig meud an geall air am faicinn.

'N uair a chunnacas na h-armuinn,
Na fior Ghaidheil gun fhotus,
Is nach d'iarr iad de dheise orra
Ach breacan is cota,
Is sgiath bhreac nam ball iomad
Air an slinnein gu comhrag,
'S ann a thubhairt gach duine,
Sid a chulaidh tha boidheach!

C'ait an robh iad 'san t-saoghal,
No an taobh so de fhlaitheas,
Mac-samhail nan daoin' ud?
Cha 'n fhaodar am faighinn,
Mach o ghathaibh na greine
Ann an speuraibh an adhair:
'S cha 'n iarramaid airson sgathain
Ach bhi 'n aite 'gan amharc.

Thuirt gach morair a b'airde
Gun robh 'n ait 's an taigh-lagha:
Co a dhiobradh gu brath iad
Is gun ghrain air an aghaidh!
Gur h-e 'n teachdaire dan
'Bha 'gabhail taimh 'sa cheann-adhairt
A dh'fhag sinne mar tha sinn,
'S nach robh dh'adh oirnn an gleidheadh.

Gur a cairdeach thu 'Lachainn
'Thug an t-each a Strath-Lochaidh,
A thug umhlachd bho 'n mharcach,
A thug 'ad is a chleoc dheth;
Ach cha b' fhiach leis an gleidheadh,
Ged bhiodh deiltreadh de'n or orr',
Ach am mathadh d'a ghillean
'Dheanamh iomairt is oil leo.

Sin 'n uair chruinnich na h-armuinn
Is na Gaidheil gu huile,
Luchd nan clogaidean stailinn
'S nan lann spainteach geur, guineach.
An am tilleadh o'n bhlar dhuibh
Bu leibh failt' agus furan,
Is piob roimhibh a' marsadh,
Is nach b'aill leibh an druma.

An am tilleadh o'n bhlar dhuibh
Gu 'ur n-aiteachan comhnuidh,
Chluinnteadh fuaim air an dannsa.
'S fion is branndaidh 'gan ol leibh,
'S uisge-beatha nam feadan
Leis an leagteadh na geocaich;
'S air an urlar 'nan seasamh
Bhiodh luchd-freasdail gu leoir dhuibh.

'S car a dh-Iarla nam pios thu
A bha 'n Ile ri stroiceadh,
Lachainn Mor a bha priseil,
Sin 'chuir mi 'gad shior fheoraich.
C' ait a bheil iad an Albainn,
No thall ann san Olaint,
Leithid cinneadh mo mhathar
'Mach o ardan Chlann-Domhnaill?

Ach 's e aobhar mo ghearain
An drast eallach Fear Bhrolais;
Co a sheasas ri 'ghuallainn,
'S e 'san uair so 'na onrachd.
Bho na dh'fhalbh bhuainn a bhrathair,
An tus ailleachd is oige,
Gun am mac 'theid 'na aite;—
Leam is craiteach an dobheairt.

'S fhir dha'n robh a ghnuis alainn
Fo chul tlath nan ciabh or-bhuidh',
Com 'bu ghile na'n canach,

Is na meall-shuilear modhar,
A dh'fhas deas, foinnidh, fearail.
'S 'b' fhad' a leanadh an torachd.
'S e do bhas eadar Ghallaibh
A dh'fhag galach le bron sinn.

'S e do bhas eadar Ghallaibh
'Chuir sinn tamull 'gad ionndrainn,
'S nach robh 'n sin agad caraid
A theannadh gu d' ionnsaidh.
No gu d' charadh 's an anart
'N uair a dhalladh do shuilean,
Ach t' fhagail 'san t-seombar
Is a chomhl' air a dunadh.

Ach na'm biodh tu 'n sin aca,
Far an racht' air do thorradh,
Ann an talla na h-Innse
No an I tar 'm bu choir dhuit.
Ann an reilig nam Manach
'Sa bheil na barantan mora
'Dhol air tir air an Ealaidh.
Cha bhiodh tu fad' ann ad onrachd.

Ach na'm biodh tu san tir so
Far am biodht' air do thorradh,
Ghluaiseadh Murchadh na Maighe,
'S Mac-Gilleain nan ro-seol,
Mac Mhic Eoghain 's mac Eachainn
Bho shiol Arcaig 's bho Lochaidh.—
Och, mo thruaighe do bhrathair!
Is do mhathair 's i 'bhronag.

Ach a Thi 'thug an sgrios oirnn,
'S ann 'tha sin air a sgriobhadh;
Na crainn mhor' air am bristeadh
Mu 'n do dh'fhiosraicheadh dhinn iad.
Na crainn mhora bhi brist'
Thug dhinn ar n-iteach s ar linnidh;

Thuit a phaire 'san robh 'n t-abhall,
'S fhrois an snodhach 'bu phriseil.

Mi mar Oisean 'n ur deaghaidh,
Bho 'n rinneadh taghadh nan caor' oirbh:
Chaidh gach aon mar a b'fhearr dhibh
'Thoirt a fasach an t-saoghail s'.
Ach a Thi a ghabh toirt diu,
'S a dh'fhag goirt-cheannach daor sinn,
Seall an nuas oirnn an trocair,
'S maith ar bron dhuinn 's ar caoineadh.

Clann-Ghillean nan cruaidh-chath,
Dh'fhalbh iad bhuainn mar an raineach:
Fhroiseadh ubhlan a' gharaidh
Gus an d'fhagadh e falamh.
'S ann 'tha 'n t-oighre air fogradh
'S e gun seol aig air fanailt:
Och, a Mhoire, mo leon
Gu bheil a choir aig Mac-Cailein

'S tric a' faighneachd gach aon neach,
Ciod e t' aois, a nigh'n Lachainn?
Ciod am fath dhomh sin innseadh,
'S nach creid sibhs' e 'n lorg m' fhaicinn?
Cha 'n eil fiacail a' m' dheudaich
Nach do leum as mo chlaigeann,
A' sior iargain nan daoine
Ris an gleidhteadh na gaisgich.

Donald, first Maclean of Brolas, was a brother of Sir Lachlan Maclean, of Duart. He had two sons, Lachlan, second Maclean of Brolas, and Hector Og, who was drowned whilst going to Barra in a small open boat. Lachlan married Isabell, daughter of Hector, second Maclean of

Torloisk, and had two sons, Donald, third
Maclean of Brolas, and Allan, an officer
in the British army. This is the Allan
whose death is lamented in the poem. He
died at Stirling in 1722.

Lachlan, second Maclean of Brolas, and
Lachlan, third Maclean of Torloisk, visit-
ed Edinburgh on business connected with
Sir John McLean's estate in 1676. They
were received very kindly by James,
Duke of York, afterwards King James II.
They were both men of high character
and good ability. The former died in
1686 and the latter in 1687.

CUMHA DO LACHAINN MAC-GIL-LEAIN.

LE MAIREARAD NIGH'N LACHAINN.

Gur h-e mise th'air mo leonadh
Mu dheibhinn na h-oigridh!
An am dol do 'n taigh-osda
Gu 'm bu leam na fir oga:—
Tha mo dhiubhail 'na fheoil fo na beistean.

Mo cheist ogh' bhrath'r mo sheanar
'S e 'tha mis' an diu 'gearan;
'S e mo dhith 'thug thu 'Chana;
Bu tu sgiobair na mara
Ged nach danaic thu fallain no gleidhteach.

Och, mo thruaighe do mhathair!
'S daor a cheannaich i phairtidh,

'N uair a bhristeadh do bhata
'S a bha blaigh air gach traigh dh'i:
Bha mo dhiubhail mu 'n charn gun chead
    eirigh.

Och, mo thruaigh' i 's thus Eachainn,
Le do mhocheirigh mhaduinn,
Ri siubhal gach cladaich,
'S nach d'fhuaras leat Lachainn:
Og ur a chuil chleachdaich mar theudan.

'S ann aig bun na dubh sgeire
Chaill thu 'n coisiche beinne,
Air nach d'fhuaras riamh deireadh:
Bu ro chinnteach do pheileir:
Ga 'm bu mharbhadair eilid is feidh thu.

Mur bhi dhomhs' 'bhi og, leanabail,
Is nach h-eol dhomh do sheanachas
Bheirinn umad lan iomradh:
Ach cha b'fhulair dhomh ainsir
Chur do ranntachd, oig mheammaich, ri
    'cheile.

Gur a cairdeach mo run-sa
'Mhac-Gilleain nan luireach
Leis an eireadh na fiurain,
Is do dh' Iarla sin Antrum,
Marcach allail nan curs-each a Eirinn.

Tha do sheanachas ri 'labhairt
Ri Murchadh na Maighe,
'S ri Mac-Fhionghain an t-Sratha,
'S tu ro dhileas 'thaobh t' athar
Do chlann Eoghain o'n leathad le 'cheile.

Tha do chairdeas ri 'rusgadh
Ri tighearna Mhuideart,

Ri Mac-Neill o na turaibh
Aig am biodh na fir ura.
'S gur dearbh charaid mo run do Shir
    Seumas.

Gura cairdeach thu 'Lachainn
Bho Ros riabhach nam badan
'Dh'fhag fir Ile nan cadal
'S a thug dith orr' an Asgaig;
Thug e dioladh 's na bh'aca anns an
    eucoir.

Gur a h-ogh' thu do dh' Ailean
'Thug an long o Mhac-Cailein
Ris an oidhche ghil ghealaich,
Is a luchd innt' chrodh ballach,
Ged nach b'ann gu cro earraich a gheum-
    raich.

ORAN.

Do Shir Iain Mac-Gilleain, Triath Dhu-bhairt.

LE MAIREARAD NIGH'N LACHAINN.

Dh'fhalbh mo chadal a' smaointinn
'S mi ri tigh'nn air na daoine
Nach h-'eil againn air faotuinn:
Chuir sin mise air faontrath 's air fogradh.
    Chur sin mise, &c.

Sir Iain cha d' fhuirich;
Cha do dh'fhaodadh a chumail
Air bhord ann an Lunnainn,
No a feitheamh air furan righ Deorsa.

'S beag an t-ioghnadh e 'thachairt,
Thu 'bhi ardanach, beachdail,

'N uair a lionteadh le reachd thu,
Is a liuthad fuil bhras a bha 'd'phoraibh.

Bu tu ogha Shir Lachainn,
Iar-ogh' Ruairidh nam bratach
'Th'ann sa chiste chaoil ghlaiste,
'S tionn-ogh' Chailein nan lasgairean
    crodha.

's ann a tha do luchd-muinntir'
Mar ghaoir sheillean 'gad ionndrainn,
Tha iad iargaineach, tursach;
C'uin a thig thu 'gan ionnsaidh le comh-
    nadh?

Luchd nan leadanan cul-bhuidhe,
Nan clogad 's nan luireach,
'S nan sgiath bhreac air dheagh chui-
    neadh,
Aig am b' iomadach ionntas is storas.

'S iomadh bean agus nighean
A thogadh e 'n cridhe
Na'n deanadh tu tighinn
Mar a b' ait leinn a rithist le solas.

Mur a deachaidh mi 'm mearachd,
Bu tu dalta mo sheanar
'S nighean Ruairidh 's na h-Earadh;
Cha b'e anaghlas a bhainne a dhol thu.

Och, a Dhe, dean ruinn tionndadh;
Thoir dhuinn fabhar gun diultadh,
'S sinn ri feitheamh do chuirte,
Ged nach h-'eil sinn cho muinte 's bu choir
    dhuinn.

GED IS STOCHD MI 'N DEIGH CRIONADH.

Oran do Shir Iain Mac-Gillean.

LE MAIREARAD NIGH'N LACHAINN

Ged is stochd mi 'n deigh crionadh,
Cha 'n 'eil miorun air m' aire
Do na fir a bha 'n ruaig orr',
Dh'an robh 'n cruadal aig baile.
An ceann-cinnidh 'bu phriseile
De 'n fhior fhuil 'bu ghlaine
As a' choill a b'fhearr cnuasach
Rinneadh fhuadach thar mara.

Tha do chinneadh an cruaidh chas,
Tha iad truagh dheth 'gad ghearan;
Bha iad roimhe so sar mhath,
'Nuair a dh'fhagadh thu 'd' leanabh.
'Nuair a thug thu dhaibh solas,
Ghabh thu fogradh a d' fhearann;
Tha do dhuthchannan bochd dheth,
Lan de ghort is de dh'ainnis.

Gur h-e m'aighear is m' eudail,
Marcach ur nan steud meara.
Gur mac-samhailt do 'n reul thu,
Do na ghrein no do 'n ghealaich,
Laigh dubh-smal air na criochan
O'n la 'striochd thu o'n bhaile.
Bu tu iuchair nan Gaidheal
Ann an garadh 's an dainginn.

Gur h-e aona mhac Shir Ailein,
An flath ceanalta daicheil;
Cha bu chularaibh coimheach
'Bhiodh mu d'chomhair an sgathan;

Ach gruag chleiteagach chleachdach
Mu ghruaidh mhaisich 's math dearrsadh;
Fiamh an oir air a h-uachdar,
'S i 'na cuachagaibh fainneach.

'Se do thalla 'bha rioghail,
Gheibhteadh fion ann air bhordaibh,
Agus feadagan fiadhaich,
Is gach ianlaith 'ga choir sin,
Bhiodh ann sar uisge-beatha
'Ga chur seachad gu h-ordail;
Is le eagal an iota
Bhiodh leann brioghmhor is beoir ann.

Bhiodh fir ghasda ri freasdal,
Moch is feasgar 's trath-noine;
Bhiodh an comunn lan eibhneis,
Rachadh eislean air fogradh.
'H-uile dram mar a thigeadh
Chuirteadh sid ann an ordagh,
Ann am broinn nam fear fialaidh
Nach do liath an deigh posadh.

ORAN.

Do dh-Ailean Mac-Gilleain, Fear Bhrolais.

LE MAIREARAD NIGH'N LACHAINN.

Mo run an t Ailean, marcach allail
Nan steud meara, 's nan lann tana,
'S fad air d'aineol 'tha thu 'fanachd
Gun tigh'nn thairis 'dh ionnsaidh d'
   fhearainn dhuthchasaich.

Fear ard coltach, calma, toirteil,
'N lathair cogaidh, an tus troide:

'S mairg a bhrosnaicheadh gu olc thu
An am nochdadh, 's boineid sgrogt' air d'
    urla-sa.

Fear mor garbh de 'n fhine bhorb thu,
Bu mhor ainm an Innse-Gall,
'S a b'fhearr 's an am 'san robh iad ann;—
'N uair thogt' am fearg, a righ, bu shearbh
    gach sugradh bhuap.'

Bha thu cairdeach do 'n t-sliochd laidir
A fhuair ait' am measg nan Gaidheal,
 Bu mhath geard a dhol 's na blaraibh,
Measail adhmhor fhad 'sa bha iad curam-
    ach.

Ann an Dubhairt bhiodh luchd-siubhail,
'S chosdteadh riubha mar bu chubhaidh;
An diugh 's dubhach mi 'gan cumha;—
Laoich na cumhachd, fath mo phudhair
    spuinneadh iad.

Nach cluinn thu 'n spreidh le 'n osnaich
    gheir
A' cur an ceill am mulaid fein;
Is eoin nan speur tha 'g radh ri 'cheil'
Nach bochd an sgeul mar dh'fhalbh na
    trein 'bu chliuitiche.

Bu fhras ghabhaidh ghreas gu traigh sinn;
Dh'fhag i craiteach sinn gun slainte;
Thuit na h-ard-chroinn mhaiseach alainn
Bha 'n ar garadh 's fhrois gu lar na h-
    ubhlan diu.

Tha mise fann 's gu bheil mi dall;
Cha leir dhomh falbh gun duine a'm'
    laimh
Gu 'n d'fhas mi mall bho 'n chaidh ur call,

A threin nan lann, 's gun ghloir a'm
cheann a dhuisgeas sibh.

Pudhar   hurt, harm, ioss.

Allan, 4th Maclean of Brolas, was the
only son of Donald, 3rd Maclean of Bro-
las, who died in 1725.   Allan was a long
time in the army.   He became chief of
the Clan Maclean in 1750.   He died at
Inch-Kenneth, in Mull, in 1783.

CUMHA.

Do dh-Eachann Og Mac-Gilleain a Tir-itheadh a bhathadh air a' chuan Bharrach.

LE MAIRI NIC-PHAIL.

Gur h-e mise 'tha fann,
Tha mo shuil gu bhi dall,
'Caoidh an fhiurain gun mheang;
Chaill mi ubhlan mo chrann,
'S chuir sin buaireadh a' m' cheann ri m'
    bheo.

   'S chuir sin buaireadh, &c.

Cha bu sgeula gun fhios
Mu 'n dug m' eudail orm sgrios;
Gu 'n do sgaoil e mo shic,
'S tha mo chridhe 'na lic,
'S e mo ghnaths bhi air mhisg gun ol.

Air an eadradh Di-mairt

Fhuair mi greadan mo chraidh;
Sin a leag mi gu lar
Is a leadair mo chnamh;
An t-sleagh dhireach tha satht' a' m' fheoil.

'S ann aig t' athair 'bha ghibht,
Aig na Gaidheil bha fios;
Cha bu thacharan mic
Nach deachaidh fo lic;
Dh'fhag sin e-san na sgriot'chan broin.

A mhic aoibheil an fhiu,
B' alainn sealladh do shul';
'N uair a chrathadh tu 'null
Do ghruag dhualach, dhonn, chuil
B' ard a thogadh tu 'ruin an t-sron.

A mhic mhaisich gun fheall,
B' alainn cumadh do bhall,
Calpa cuimir neo-cham
'Dhol a shiubhal nam beann;
Bu tric buidheann gun mheang a' d' choir.

Na 'm bitheadh tu thall
Ann an coinnimh nan Gall,
'Siomadh fear 'bhiodh mu d' cheann
'S iad a tarruing ort teann;
'Righ, bu taitneach leo cainnt do bheoil.

Gu'n robh gabhail mhic righ
Air deagh dhalta mo chich,
Tus an latha 'dol sios,
Air a chuairt dhe nach till,
Ann an trusgan caol, min gu leoir.

Gu 'n robh cuilein mo ruin,
Fear nan camagan dluth,
'S e a' seoladh ri d' ghluin,

Gu's 'n do dhalladh a shuil,
'S an dug mire nan sugh bhuaith' 'n deo.

Bi Mairi Nic-Phail muime Eachainn
Oig. Chaidh a mac a bhathadh comhla.
ris. 'S ann uime a tha i a' labhairt 's a'
cheathramh mu dheireadh.

ORAN.

Do dh'Eachann Mac-Gilleain, tighearna chola.

LE DOMHNALL MAC-GILLEMHOIRE.

Aithris bhuamsa gu soilleir
Gu Tighearna chola
Gu 'n do chaill mi le coraich mo sheol.

Aithris bhuamsa, &c.

'S a mhic Iain na feile
Guidheam comhnadh Mhic Dhe leat;
'S tu nach deanadh an eucoir le d' dheoin.

Thug an duin 'ud dhomh bairlinn
Ann an lathair mo chairdean,
Mura fuiling thu tamailt bi falbh.

Thug mi corr is coig bliadhna
'Ga cur thui'g' air a fiaradh,
'S cha do ghiulain i riamh dhomh an cors'.

Gloir do Chriosd mar tha cuisean,
Gean 'nam chridh' biodh a' dusgadh,
Tha mo thighearna duthcha-sa beo.

'Nuair a chaidh thu do Shasunn

Ann an cuideachd Shir Eachainn,
Ghabh an righ moran tlachd dhe do ghloir.

An am tilleadh o'n chuirt duit
'S iomadh morair is diuca
A bha 'labhairt mu d'bhiuthas mu 'n bord.

'Nuair a bhiodh tu 'measg cuideachd
'S tu ri ol air bol *puinnse*,
Gu 'm biodh cach 's iad ri tuiteam mu 'n
    bhord.

Ann an am dol air d' each dhuit
Bhiodh ort botuinn is casag,
Ad de 'n t-siod' agus *les* rithe 'n or.

Gruag cho geal ris a chanach
Air an urla 'bu ghlaine,
Air do chulaobh an ceangal le spors.

Gu 'm bu shlan a bhean chiche
'Rinn do chuislean a lionadh,
Cha 'n fhacas riamh sgith thu 'n deigh oil.

'S tu mo choinneal an lainntear,
'S tu mo threise ri ainneart,
Ged a leiginn beum ann thar na coir'.

'S tu mo chadal 's mo dhusgadh,
Ann am laidh' tha mo shuil ort,
'Fhir a's flathaile gnuis a tha beo.

———

Hector, 11th Maclean of Coll, succeeded
his father in 1729. He died ih 1754.

Donald Morrison lived in Tiree. He
seems to have been a native of Coll.

Bhiodh do pheileir a' gluasad
Troimh dhamh uallach an astair.

Bu tu'n sgiobair neo-chearbach
Air muir ghailbheich nan cas-shruth:
Bha thu mion-shuileach cinnteach
Foinnidh, innsgineach, tapaidh;
Bha thu fearail ri d' innse,
'S bha thu fìor ghasd ri d'fhaicinn;
'S air naile bhuidhneadh tu cis
Air iomairt dhisnean nam bhreac-bhall.

C'uime 'n ceilinn an fhirinn?
Dh'fhaotuinn innse gùn sgrubadh
Nach robh'idir 's na criochan s
Aon nach b'fhiach leis 'bhi'd chuideachd.
'N uair a tharruingteadh do shith
'S an am do mhi-run tigh'nn thugad,
'S tu nach soradh am fion oïrnn,
No aon ni 'bhiodh am buideal.

Cuidseal—a cudgel. Tacsa—support,
substance, solidity. Innsgineach—spright-
ly, lively.

___

MARBHRANN.

Do Dhomhnall Mac Raonaill Mhoir,
Fear Thir-na-Drise.

LEIS AN TAILLEAR MAC ALASTAIR.

'S e 'mheudaich m' airtneal gu geur
Is campar caisteal mo chleibh,
A chainnt' a bh' aca an de ag ol,

Mu 'n fhiuran sgiobalta gharg
'Bu mhath misneach is dealbh;
Bu neo-ghliogach fo d' arm thu 'sheoid,

Mu 'n leoghann chrios-gheal gun sgath
'Bha 'n Tir-na-Drise 'na thamh;
Is mor am bristeadh do bhas thigh'nn
    oirnn.

Bu tu 'n curaidh gun sgath
'Dhol an cunnart nam blar;
Bhiodh airm ghuineach a'd' laimh, fhir oig.

Bhiodh sgiath bhreac nam ball dluth
Air gairdean gaisgeach mo ruin,
'S paidhir dhag ort nach diult ri ord.

Bhiodh lann thana gheur ur
'S i gun smal oirr' o'n bhuth,
'Gearradh chlaignean is smuis is feol'.

Is cha b'e 'n t-iasad a bh' ann
Ach fuil nan righrean o'n Spainn
Dha 'm bu lionmhor sgiath 's ceann-bheirt-
    oir.

'S e 'mheudaich m' airtneal 's mo ghruaim
Na cinn-fheachd' a dh-fhalbh bhuainn,
Na fir ghasda 'bu chruaidh 'san toir.

B' ann diu Alastair treun
Bho Cheapaich nam peur;
Bha e barraicht' thar cheudan sloigh.

Siol nan colla 'bha treun,
'Stiuireadh luingeas fo bhreid;
'S ard a shloinninn thu 'n ceum na dho.

Lean thu 'n duthchas bu dual,
Dhol gu dluth ann san ruaig,
Bho 'n t-sliochd chliuitich le 'n gluais-
    teadh srol.

'S ann a'd' theaghlach nach crion
Chluinnteadh gleadhraich nam pios;
Bhiodh fir mhor' ann 'cur strith ag ol;

Ag eisdeachd eachdraidh nam bard,
Agus caismeachd luchd-dain,
Gur h-e chleachd thu 'bhi 'd' laimh an t-or.

———

Donald Macdonald was the eldest son
of Raonall Mor Thir-na-Drise, whe was
the second son of Gilleasbuig na Ceapaich.
He was a major in Prince Charles' army.
He was taken prisoner by accident at the
battle of Falkirk, Sliabh a Chlamhain,
January 17th, 1746. He was beheaded
at Carlisle on the 18th of the following
October. His head was stuck on one of
the gates of the city, where the barbar-
ism of the age allowed it to remain several
years. He was married twice. By his first
wife, a Miss Mackenzie, he had one son and
three daughters, Ranald, Isabella, Mary
and Catherine. By his second wife, a
daughter of Macdonald of Killichonate,
he had two daughters, Sarah and Juliet.
Ranald was about eight years of age at
the time of his father's death. He began
studying for the priesthood, but died be-
fore completing his course.

Alexander Macdonald, of Keppoch was
the eldest son of Coll of Keppoch, who
was the eldest son of Gilleasbuig na Cea-
paich. He was a brave and chivalrous
man. He fought and fell like a hero at
the battle of Culloden, April 16th, 1746.
Donald, his only brother, was killed in
the same battle. The Macdonalds, as a
whole, won no credit for themselves at
Culloden. The conduct of the noble
chief of Keppoch was a brilliant excep-
tion.

CUMHA.

Do Domhnall Ban Loch-Iall a chaochail
'san Fhraing 'sa' bhliadhna, 1748.

LEIS AN TAILLEAR MAC ALASTAIR.

A' cheud latha 'n bhliadhn' uir
Ni mi labhairt an tus
Air Sir Domhnall nan curs-each gorm.

A cheud latha, &c.

Fhuaras sgeula do bhais:
Sid an sgeul 'rinn mo chradh;
'S lionmhor fear air an d' fhag e deoir.

An t-og misneachail treun
Dh'an robh gliocas le ceill,
Chualas cinnteach gu'n d'eug 's nach beo.

An t-og uasal b' fhearr beachd,
Sar mharcach nan each,
'S tu gu'n dioladh gu pailt an t-or.

Leat a dh'eireadh an sgriob
Da thaobh Lochaidh so shios,
Fir a' chladaich gu d' dhion mu'n chro.

Thig mu'd bhrataich gu dian
Fir Loch-Airceig 's Lochiall,
'S thig bho 'n Mhorairne ciad no dho.

Thig fir Nibheis nan laogh,
'S Dhoch-an fhasaidh nan craobh,
Agus fir Ghlinne Laoigh 's an t-Sroin.

Thig bho 'n Bhraighe so shuas,
Bho Spiathain 's bho Ruaidh,
Na fir reachdmhor a bhuaileadh stroic.

Fo 'n cheann-feadhna nach b' fhann
Dh'eireadh gaisgich nan lann;
Bhiodh iad leat anns gach am 'sa choir

'S leat na h-Abraich gu leir
'N am leat togail gu feum,
Le 'n airm aisnich 's le 'n geur loinn ghorm.

Le an claidheanan cuil
'Gan iomairt gu dluth,
'Ghearradh claignean le luths nan dorn.

'S mairg nochdadh riut strith
'N taobh s' a dh'armailt an righ,
'N uair a thogteadh leat piob 's breid sroil.

Thu air toiseach do shluaigh,
'S toirm feadain 'nan cluais,
'S mairg namhaid a bhuaileadh oirbh.

Cha 'n 'eil an t-achd so ach cruaidh,
'N deigh na breacain thoirt bhuainn,
Chuir sinn briogaisean 'suas de'n chloth.

Gu 'n seol 'n Righ Mor thu 'n nall,
Thu 'thigh'nn thugainn gun dail;
'S mi gu'n oladh deoch slaint' 'phrionns'
    oig.

———

Sir Ewen Cameron, of Lochiel married
Isabel, daughter of Sir Lachlan Maclean,
of Duart, and sister of Hector Roy, who
fell at Inverkeithing in 1651. John, his
eldest son by this marriage, married Isa-
bel, daughter of Alexander Campbell, of
Lochnell, and had five sons; Donald,
known as Domhnall Ban Loch-Iall, his
heir and successor, John, of Fassiefern,
Alexander, a priest, Archibald, a doctor,
and Ewen, a planter in Jamaica. John

died in Flanders about the beginning of the year 1748. Donald, of Lochiel was a man of noble and chivalrous character. He took a prominent part in the rebellion of 1745. He died at Borgue, in France, on the 26th of October, 1748.

ORAN.

LE DUGHALL RUADH CAMSHRON.

Tha mo leaba 's an fhraoch
Fo shileadh nan craobh,
'S ged a tha mi 'sa choill
Cha do thoill mi na taoid.

Tha mo leab' air an lar,
'S tha mo bhreacan gun sgail,
'S cha d'fhuair mi lochd cadail
Bho na spad mi Culcharn.

Tha mo dhuil ann an Dia
Ged dhiobair Lach-Iall
Fhaicinn fhathast na choirneal
'N Inbhir-Lochaidh so shios.

Bha thu dileas dha 'n Phrionns'
'S d'a shinnsreadh bho thus;
'S ged nach dug thu dha t'fhacal
Bha thu ceart air a chul.

Cha b' ionnan 's Mac-Leoid,
'Tha 'n drast aig Righ Deors',
'Na fhogarach soilleir
Fo choire 'n da chleoc.

A Mhic-Dhomhnaill gun sgoinn
'S ann a chomhdaich thu 'n fhoill;
Ged a gheall thu bhi dileas

'S ann a dhiobair thu 'n greim

Tha ball-dubh ort 'san t-sroin
A's misd' thu ri d' bheo;
'S cha 'n fhearr thu na 'm baigeir
S a bhata 'na dhorn.

Cha b' ionnan 'san laoch
Bho Cheapaich nan craobh,
'Chaidh 'sios le 'chuid ghaisgeach,
'S nach robh tais air an raon.

Na fir acfhuinneach chruaidh
Bho Spiathain 's bho Ruaidh
Chaidh a sios fo 'n cheann-feachda
'B' fhearr a bh'ac' 'san taobh tuath.

'S cha b' e caigneachadh lann
Chuireadh bristeadh nan ranc,
Ach frasan nam peileir
'Tigh'nn bho theine nan Gall.

Ach 'n uair thig am Prionns' Og,
Is na Frangaich 'ga choir,
Theid sgapadh gun taing
Ann an campa Righ Deors'.

Theid Diuc Uilleam a cuirt,
Theid a thilgeadh air dun,
'S cha 'n eighear gu brath air
Na 's airde na 'n cu.

'S ged tha mis' ann am froig
Tha 'm botul a'm' dhorn,
'S gu'n ol mi 's cha 'n aicheidh
Deoch-Slainte Phrionns' oig.

———

Sir Robert Munro, of Fowlis, chief of
the Clan Munro, was a distinguished
soldier. He was born in 1684. He com-
manded the Black Watch at the battle of

Fontenoy, May 11th. 174', and won high honor for himself and his country. He fought on the side of King George in the rebellion of 1745. He was colonel of the 37th regiment. In the battle of Falkirk his men fled and left him alone. He was attacked by six of the prince's men. He killed two of them. One of the remaining four, Calum na Biodaige, a Macgregor, fired at him and killed him. All the Highland chiefs deeply lamented his death. The gallant Keppoch purchased a coffin in which to bury him. Six pipers followed his remains to the grave, playing Cumha Fear Folais. Prince Charles and all the chiefs in his army attended the funeral. Captain George Munro, of Culcairn, was Sir Robert's brother. He was born in 1685. He was a very excellent man. He was the first Munro of Culcairn.

Dugald Roy Cameron was a native of Lochaber. He had suffered some grievous wrongs at the hands of a cruel officer of the name of Grant. According to one account, Grant shot his son in cold blood. According to another account he set fire to his house, and turned his wife and children out in the snow. Grant generally rode a white horse. On Sunday, August 31st, 1746, Captain Munro borrowed his horse. Whilst passing along the shores of Loch Arkaig Dougald Roy, mistaking him for Grant, fired at him and killed him on the spot. Munro was an excellent man. He was in the 61st year of his age. Dugald Roy was never arrested. He became a soldier in the British army.

www.ingramcontent.com/pod-product-compliance
Lightning Source LLC
Chambersburg PA
CBHW030613270326
41927CB00007B/1150